Ⓢ新潮新書

藤沢数希
FUJISAWA Kazuki

損する結婚 儲かる離婚

JN152656

706

新潮社

まえがき

国際的なビジネスマンや起業家の方たちと話すと、彼らは目まぐるしく変化する世界経済のなかで、いかに稼いでいくか、そしてどうやってリスクを避けていくのか、非常に高い感度で情報収集し、とても深く考えていることに感心する。また、日本や世界の政治情勢に高い関心を示し、規制や税制の変化にもとても敏感である。これほど様々なリスクに関心を払っている優秀な彼らだが、身近にひとつの巨大なリスクを抱えていることに全く気がついていない。そのリスクとは「奥さん」である。

これから話すことは、筆者の友人に本当に起きた話だ。筆者は国際金融の世界でトレーディングなどの仕事に従事し、いくつかの外資系投資銀行の東京オフィスを渡り歩いてきた。彼は以前勤めていた会社の同僚であり、友人だった。中国の理工系大学を卒業してから、やはり外資系金融機関の東京オフィスに就職して、かれこれ10年以上も日本に住んでいる、純朴な中国人の青年であった。日本語も流暢に話した。私たちは、英語と日本語のちゃんぽんでよく会話していた。その会社がちょうど東京でトレーディング・チームを拡張しているときに、私も彼もヘッドハントされて転職してきたので、自然と仲のいい友だちになって、たまに飲みに行ったりした。彼はまじめな青年だったので、あまり女関係の話はしなかった。仕事の話ばかりしていた。

そんな彼が、ある日、奥さんのことで落ち込んでいた。彼には、日本人の妻がいた。その妻はホステスをしていたときに、彼と六本木のキャバクラで出会った。結婚して3年ぐらいになる。奥さんは専業主婦になり、子供はいなかった。当時の彼は30歳ぐらいで、彼の奥さんはたしか彼より3つぐらい下だったと思う。あるとき、彼は、妻が浮気をしていることを見つけてしまったのだ。そして、そのことで彼女を問い詰めると、あっさりと別の男と寝たことを認めたらしい。パブでふたりでビールを飲んでいるときに、彼はそのことを筆者に打ち明けてくれた。

彼はとても真面目なタイプの男だったので、妻の浮気が許せなかった。彼から離婚を切り出した。すると、彼の奥さんも、それを認めた。そして、彼女は家を出て行ってしまった。しかし、彼の長い苦悩はここからはじまるのだった。

彼に何が起こったのか？　結論から書くと、彼はこれから長い裁判を戦い続けることになり、最終的に離婚を勝ち取るのだが、それまでに2年間もの月日と膨大なエネルギー、そして大変な金額を費やすことになった。いったんは離婚を認めた妻だったが、その後にやっぱり離婚しないと言い出したのだ。そして、驚くことだが、彼は、この出て行った妻――どこに住んでいるかもわからない――に家庭裁判所から毎月37万円もの支払い命令を受けていた。これは彼の当時の年収の３０００万円から家庭裁判所が計算したものだ。２年間、毎月37万円を支払い続けることになった。最終的に、彼は奥さんに３０００万円もの解決金を支払うことにより、離婚裁判の最中に和解で離婚した。彼にはひとつも落ち度がないにもかかわらず、浮気をした妻に離婚してもらうために、37万円×24カ月＝８８８万円、そして、和解の解決金３０００万円で、合計３８８８万円も支払ったのだ。弁護士費用を含めれば、これは彼が別居をはじめたときのほぼ全財産に相当する金額になった。

ここまで読んだ読者は、そんな理不尽なことがあるのか？　中国人の彼は、きっとその元ホステスと弁護士に上手《うま》いことやられたに違いない、と思ったことだろう。しかし、彼と同じ状況――夫の年収３０００万円で貯金が４０００万円、妻は専業主婦――に立たされ、日本で離婚裁判に巻き込まれれば、誰もが似たような金額を払うことになるのだ。彼の離婚係争は、決して特殊なケースではなく、日本の司法慣習に完全に則っている。つまり、同じぐらいの年収があれば、誰もが陥る可能性のあることなのだ。

「離婚すると財産の半分を支払う」「相手が浮気をしたら裁判で簡単に離婚できる」「不貞行為をした相手からは莫大な慰謝料が取れる」などということが世間では言われているが、これらは全くの誤りである。

まず、今回の彼のように、まともな企業からそれなりの給与を得ている場合、専業主婦と離婚しようと思えば、財産の半分で済むことは非常に稀である。なぜならば、婚姻費用という月々の支払い義務が発生するからである。また、相手が浮気をしたと言っても、いざ裁判になれば、そのことを相手が認めるわけもなく、それを立証するのは大変困難である。そして、日本は慰謝料自体は非常に安い。離婚で大きな金が動くのは、財産分与と婚姻費用であり、これらの支払いは、どちらが浮気などで離婚の原因を作ったかとは、全く関係ないのである。さらに、これは彼が極めて高額所得者であったからでもない。もちろん、ない金は絶対に取れないので、所得も貯金もない配偶者から離婚で金を取ることはできないのだが、まともな仕事である程度の所得を得ているビジネスマンが離婚するならば、彼と同じように、自分の財産の半分程度ではまず離婚できない、と思っていただいて差し支えない。

このように実際の結婚と離婚でどうやって金が動くのか、世間には驚くほど正確な情報が伝わっていない。それはなぜかというと、弁護士の先生方は、建前の世界で生きているからだ。彼らは、司法の場で正義のために戦っているのであり、様々な司法テクニックを駆使して、相手から最大限に金を取るために働いてはいけないのである。少なくとも建前では。だから、弁護士の先生たちと、オフレコで酒でも飲みながら話すと、本当の司法の実態や裁判の戦い方を教えてくれるのだが、実名が出る書籍で、そのようなことが語られることはほとんどない。だから、弁護士でも何でもない筆者が、身もフタもない結婚と離婚のマネーゲームの真相を全て解き明かそうというのが、この本のひとつの目的である。

また、法律家のみなさんは、キャッシュフローの現在価値の算出や、それぞれの司法戦略のリスクとリターンの分析など、近年、飛躍的に発達してきた金融工学の考え方が必ずしも身についていない。じつは、結婚（そして潜在的に将来の離婚）という法的契約は、ひとつの金融商品の取引だと考えて分析すると、驚くほどその本質が理解できる。

ところで、本書は特に断りがなければ、男性のほうが年収が多いとして解説していくが、女性のほうが年収が多ければ、性を入れ替えて読んでいただければ、そっくりそのまま書かれている議論が当てはまる。なぜならば、男女平等というのは近代国家の法の精神の基本だからだ。当たり前だが、バリバリ働いている女性は、稼ぎの少ない男性と結婚したら彼を養う義務があり、離婚するなら彼に相応の金を払ってやる必要があるのだ。

それでは、なぜこの中国人の青年が、浮気した専業主婦と離婚するために、これほどの労力と金額を費やさなければいけなかったのか、詳細に解説していこう。

損する結婚　儲かる離婚＊目次

第1章　金融商品の取引としての結婚

結婚と離婚で動く3つの金

結婚と離婚で動く金は、基本的には、慰謝料、財産分与、婚姻費用（あとで説明するが「コンピ」と呼ばれる）の3つである。子供がいればこれに養育費がかかるが、養育費は離婚成立後の話だ。離婚が成立するまでは、養育に関わる金は婚姻費用に含まれている。このようなことは本屋に売っている離婚関係の本に全部書いてある。

最初に慰謝料について簡単に説明しよう。これは精神的な苦痛に対する損害賠償金で、浮気など離婚の原因を作ったほうが支払うものだ。しかし、日本は慰謝料の相場はある程度予測可能で、アメリカのようにときにべらぼうな金額になることもない。アメリカは、社会で二度とこういうことが起きないように、と見せしめとして社会的ペナルティを科すために相手の所得や会社だったら規模によって金額を変えることがあるのだが、日本では慰謝料は慰謝料である。たとえば、殴られて痛かったとしたら、殴ったやつが貧乏か金持ちかによらず、痛みの金額は同じというわけである。実際には、支払い能力で色が付くこともあるが、日本の裁判所はそれほどあからさまではない。それで日本では浮気などの慰謝料はせいぜい100万円や200万円ぐらいの話である。一方的に片方が悪く、裁判官に嫌われるともっと高くなることもあるが、通常は男女の仲でどちらかが一方的に100%悪いということはなく、また明確な証拠が出てくることも稀だろう。ときに数千万円以上の金が動く離婚劇では、慰謝料ははっきり言って無視できるのである。そして、婚姻費用、財産分与の算定ではどちらが悪いかは全く関係ないのだ。

つまり、恐ろしいことに、離婚で支払われる金の大部分は、じつは所得で決まる婚姻費用と財産分与がほとんどなので、どちらが浮気したとか暴力をふるったとか、そういうことは関係ないのである。まじめに働いていたほうが馬鹿をみる世界なのだ。ちなみに、よく芸能ニュースで慰謝料をウン億円払った、などと聞くが、あれは慰謝料のことではなく、離婚する際に払った総額のことで、法律用語でいうところの慰謝料とは違う。芸能人の離婚でも慰謝料自体はそれほど高額になることはない。

次に、財産分与を理解するには、まずは共有財産というものを理解する必要がある。財産分与とは、離婚する際にふたりの財産を分割するのが目的で、対象となるのはあくまで結婚してから形成された共有財産だけとなる。これは簡単な計算問題をやれば理解できるだろう。

（問）花子は結婚する時に貯金を３００万円持っていた。太郎は１００万円持っていた。そして、５年後に離婚した。この時の花子の貯金は５００万円で、太郎の貯金は１０００万円になっていた。簡単にするために貯金以外の財産はないとする。財産分与はどちらがいくら支払うことになるか？

（答）最初のふたりの財産の合計が３００万円＋１００万円で４００万円。５年後に５００万円＋１０００万円で１５００万円になった。つまり、結婚してから１１００万円の財産が新たに形成され、これが夫婦で作った共有財産となる。これの取り分は各自５５０万円ずつ。しかし、共有財産は、太郎が９００万円（＝１０００万円－１００万円）、花子が２００万円（＝５００万円－３００万円）預かっていることになるので、これを均すためには、太郎が花子に350万円支払えばいい。つまり、離婚の財産分与は太郎が花子に350万円支払う、ということになる。

ここで重要なことは、結婚前に持っていた金は関係ないということだ。つまり、一財産作って、引退間近でそろそろ身を固めようかと思っているスポーツ選手と結婚しても、そのあとに稼がないと財産が減っていくので、妻が受け取る財産分与はゼロになるのだ。財産が減っても、妻に夫の財産が減った分の支払い義務まではなくて、あくまで受け取りがゼロになるだけだ。また、親が金持ちのボンボンと結婚しても、結婚前にあった親の財産は関係ないので、理論的には奥さんはそこから1円も取れないことになる。結婚の法律は代々続く金持ちに甘く、成金に厳しいのだ。

サラリーマンは大した財産は貯まらないので、実は財産分与も、慰謝料と同じで、それほど大した金額にはならない。しかし、起業家などは、ときに財産分与でとんでもない金額になることもある。創業と結婚、離婚騒動勃発のタイミング次第では、奥さんがいきなり自分の会社の株の半分を持っていくことになる。これは乗っ取り屋どころの騒ぎではないだろう。乗っ取り屋は、株を買い占めるときにその分の現金を支払うが、奥さんは何も支払わずに株を持っていくのだから。

そして、最重要なのがコンピことと婚姻費用だ。民法の規定で、夫婦は相手の生活を自分と同じレベルで維持し、夫婦の資産、収入その他一切の事情を考慮して、婚姻から生ずる費用を分担する義務があるとされている。これが婚姻費用の法的根拠であり、具体的には、夫婦間でより稼いでいる方が、そうでない方に毎月一定の金額を支払う義務があるのだ。弁護士業界では、婚姻費用のことを略して「コンピ」と呼んでいる。

しかし、ふつうに夫婦生活をしていたら、コンピなんて話は出ないと思う。本来的にはこういう結婚生活を維持するための金なのに、コンピというのは、離婚騒動になって奥さんと別居をしてからはじめて表に出てきて、極めて重要な役割を演じることになるのだ。このコンピのために、ある程度の所得があるサラリーマンが離婚する際の支払い金額が、簡単に全財産を上回ることになるのだ。

コンピ地獄

それではこの結婚の経済価値を決める上で核心的なコンピについて解説していこう。

コンピの計算方法だが、夫の所得（会社員と自営で扱いが違う）、妻の所得、子供の数と年齢だけから、家庭裁判所でほぼ機械的に決まるのだ（判例タイムズ1111号―簡易迅速な養育費等の算定を目指して―養育費・婚姻費用の算定方式と算定表の提案―）。

離婚騒動が勃発したあとに、妻が家庭裁判所で婚姻費用の審判を申請すると、夫を裁判所に呼び出してくれて、目の前でコンピを簡単に算定し、婚姻費用の支払い命令を書いた紙を貰える。この紙切れは最強の証書であり、コンピが滞った途端に、預金や給料など、なんでも差し押さえが可能になる。コンピの計算式とその背後にある理論はあとで解説するが、コンピの簡単な相場観を養うために、いくつかの例を示そう。これらはグーグルなどで「婚姻費用」「計算」などと入力すれば、いくつものサイトが出てくるはずなので、各自いろいろと計算してみて欲しい。また、筆者が作ったサイト（http://www.kinyuunikki.com）でも計算できる。

ケース1：夫は年収1000万円のサラリーマン、専業主婦、子なし

↓コンピは14～16万円（月）

ケース2：夫は年収1000万円の自営業者、専業主婦、子なし

↓コンピは20〜22万円（月）

ケース3：夫は年収1000万円のサラリーマン、専業主婦、子供2人（14歳以下）

↓コンピは18〜20万円（月）

ケース4：夫は年収700万円のサラリーマン、専業主婦、子供2人（15歳以上）

↓コンピは14〜16万円（月）

ケース5：夫は年収2000万円の自営業者、専業主婦、子供2人（15歳以上）

↓コンピは40〜42万円（月）

さて、ここまで書けば、なぜ離婚でそれほどまでに多額の金額を支払うはめになるのか、勘の良い方はわかっただろう。このコンピは、裁判で離婚が認められるまで、払い続ける必要があるのだ。そして、裁判はとても長い。また、日本では離婚が簡単に認められないのだ。

まえがきに書いた、専業主婦に浮気をされた中国人の青年の話では、当初は妻は、浮気を認め、離婚することに同意していた。しかし、妻は当然、弁護士に相談に行くだろう。そこで、当たり前だが、浮気したなんて絶対に認めたらダメ、と言われるのだ。そして、すぐにコンピの支払い命令を家庭裁判所に貰いに行くように言われる。彼の場合は、こうして月々37万円のコンピの支払い命令を受けた。あとは、長い長い調停と裁判で、奥さんはのらりくらりと時間稼ぎをしていれば、ずっと37万円を貰い続けられる。別居していたら、自分の住所さえ夫に教える必要はない。裁判所は、プライバシーの尊重や、万が一のドメスティック・バイオレンスの被害を防ぐために、夫には住所も教えてくれない。そして、当たり前だが、妻が浮気した、という事実を証明するのは極めて困難である。妻も、夫が浮気した、夫に暴力を振るわれた、とありもしないことを次から次に言うだろう。どんなに妻が悪く、浮気の証拠写真があっても、やはり調停、家裁、高裁と裁判を続けると、簡単に2~3年はかかる。このコンピがあるので、判決を待たずに和解する場合は、夫は妻から、最低でもこの2~3年分ぐらいのコンピの総額を買い取らされるわけだ。

ちょっと計算すればわかるのだが、この金額は多くのサラリーマンの全財産を超えるはずだ。それでも「コンピ地獄」から解放されるために、多くのまともに働いている夫は払わざるを得なくなるのだ。

結婚とは「所得連動型の債券」という金融商品である

さて、これまでに離婚によりどれだけの金が動くのかは、慰謝料、財産分与、婚姻費用の3つの要素から計算できることが理解できただろう。こうした結婚の金銭の授受の権利義務関係を見ると、結婚というのは、同じく将来の金銭の授受の権利義務関係を契約する、ある種の金融商品の取引であると考えられる。そして、この金融商品は、毎月分配型の特殊な債券なのである。結婚というのは、潜在的には、こうした金融商品の譲渡契約なのだ。

最初の中国人の青年の話に戻ろう。彼の奥さんにしてみれば、形式的にでも結婚している限り、毎月37万円の婚姻費用を受け取ることができる。そして、離婚成立時に財産分与が受け取れる。慰謝料は、本来なら浮気をした奥さんが払わなければいけないが、浮気をしたということを裁判で立証するのは困難で、さらに奥さんのほうも「夫に浮気をされた」「暴力を振るわれた」とありもしないことをいろいろと言うだろうから、結局は、喧嘩両成敗ということで、支払う必要はなくなるだろう。それに婚姻費用が毎月37万円もあったら、慰謝料など100万円やそこらの話で、浮気しただのされただのと争っている間に、すぐに婚姻費用で追いついてしまう。離婚裁判というのは、このように婚姻費用で出血しているほうが圧倒的に不利な立場になるのである。

結婚という金融商品は、毎月、婚姻費用というクーポンが貰えて、離婚成立時（満期）には財産の半分が手に入る債券そのものなのだ。この言わば「結婚債券」の価値は、次の式から計算できる。

結婚債券の価値＝離婚成立までの婚姻費用の総額＋離婚時の財産分与額＋慰謝料

この債券を奥さんがタダで手に入れたわけだ。厳密に、金融工学で考えるならば、金銭には金利が発生するため、今日の1万円は明日の1万円より価値が高いことになる。つまり、将来受け取るべき財産分与や慰謝料、それまでの婚姻費用の総額は、こうした金利（これはディスカウント・レートと呼ばれる）で割り引かなければいけないのだが、デフレの続く日本の金利は大変低いので、話を簡単にするため、これをゼロと考えることにしよう。

結婚債券の価値を算出するためには、婚姻費用をどれぐらいの期間払い続けなければいけないのかを考えないといけない。これは最長で10年ほど、最短で2年ぐらいを想定するのがいいだろう。10年という根拠は、有責配偶者からの離婚請求を認めた画期的な最高裁昭和62年9月2日大法廷判決（民集41巻6号1423頁）にあるのだが、これについてはまたあとで解説することにする。第3項の慰謝料の部分は比較的安く、日本では100万円や200万円の金額だ。大事なことなので繰り返すが、浮気や暴力など、どちらが悪いか、というのは、法的にはこのたった100万円やそこらのところにだけ関係する話であり、離婚で動く金の大部分が、どっちが悪いかとは直接的には無関係なのである。

さて、婚姻費用を払い続ける期間が2年間なのか、10年間なのか、というのは大きな違いだ。裁判で判決まで行かなくても、和解に必要な金額は、仮に判決まで行った場合にどちらがいくら払うのか、という双方の予測に基づいているので、和解するにしても、婚姻費用の潜在的な期間、すなわち結婚債券の満期がいつなのかを考えることが重要になる。これは、子供の年齢、奥さんの経済状況、どちらが有責配偶者なのか、などの状況による。ちなみに、法律用語で、浮気や暴力などで離婚の原因を作ったほうを有責配偶者と呼ぶ。たとえば、奥さんに幼子がおり、夫が浮気をして愛人のほうに行きたいから離婚したい、などという場合は、何年かけようと離婚が認められることはないだろう。逆に、奥さんが浮気をした確かな証拠があり、子供もいなかったら、すぐに離婚が認められるかもしれない。

夫にある程度の所得があり、数年分の婚姻費用が夫の全財産に比する金額になるならば、離婚には応じずに、奥さんのほうは素知らぬ顔で婚姻費用を搾り取り続けたほうが経済合理的である。奥さんのほうは、裁判が終わるまで婚姻費用をもらい続けることができ、さらに裁判で負けて離婚が成立しても、財産の半分はもらえるのである。つまり、夫の所得が高いと、婚姻費用もそれ相応の金額になり、離婚は必ずといっていいほど泥沼化するのである。

順法精神の希薄な零細企業やベンチャー企業の場合、社長に頼んで、見かけの給料を安くして現金を手渡しで貰うなど、差し押さえを免れることも可能かもしれないが、大企業に勤務していた場合、免れることは絶対に無理である。まともな自営業者でも、婚姻費用の支払いを免れることは不可能だと考えたほうがいい。聡明な奥さんの場合、資金繰りが厳しい時期に、重要な取引先の売掛債権（まだこちらに振り込まれていない売上）を狙いすまして差し押さえて来るかもしれない。こうなったら資金がショートして会社が潰れてしまう。もっとも、会社が潰れてしまえば婚姻費用の支払いも困難になるので、奥さんもそこまではやってこないだろうが。

ここまで読めば、最初に出てきた日本人ホステスと結婚した中国人の友人が、なぜ浮気をして家を出て行った奥さんに全財産を払わなければいけなかったのか、そのカラクリがわかっただろう。彼が別居をはじめたときの財産は約4000万円で、そのほとんどが婚姻中に蓄えたものだった。浪費家の奥さんはほとんど貯金がなかった。これでまず、財産分与の2000万円が確定する。さらに、調停、離婚裁判と和解が成立するまでに2年ほどかかった。これで37万円×24カ月で888万円である。裁判で、離婚が認められるかどうかはフタを開けて見なければわからない。だから、彼は2年間ほど裁判を戦いながら、なんとか離婚を成立させようともがいていたのだ。そして、とうとう、この2000万円＋888万円に、さらに1000万円を上乗せすることで、奥さんとその弁護士を説得することに成功し、離婚に同意してもらったのである。

婚姻費用・養育費の算定式

「判例タイムズ1111号―簡易迅速な養育費等の算定を目指して―養育費・婚姻費用の算定方式と算定表の提案―」に記されているコンピの算定表だが、一体どのようなものなのだろうか。詳細に解説していこう。

そもそも、婚姻費用の支払い義務は、配偶者には自分と同程度の生活をさせなければいけないという考え方に基づいている。つまり、さまざまな経費の後に残る金は夫婦で二等分しなければいけないのだ。そして、婚姻費用の計算の元になるのが「基礎収入」と呼ばれるもので、夫婦が分けるパイのことだ。基礎収入は、次の式で表される。

基礎収入 ＝ 税引き後の所得 － 職業費 － 特別経費

考え方はいたってシンプルで、基礎収入とは、額面の収入から税金や必要経費を引いて残る金である。職業費は、給与所得者として就労するために必要な出費のことをいう。スーツ代や交通費、仕事を円滑に進めるための接待交際費などがこれに当たる。これは給与所得者にのみ認められるもので、自営業者には認められていない。特別経費とは、家計費の中でも、自分の意思で変更することが難しく、生活スタイルを大きく変更させなければ、その額を変えることのできないものである。家賃や医療費などがこれに当たる。

子供がいない場合のコンピは、単純に、夫の基礎収入と妻の基礎収入を合計し、それを2で割ることによって計算できる。夫の基礎収入が1000万円、妻が専業主婦の場合は、夫は年に500万円のコンピを支払わなければいけない。夫の基礎収入が600万円で妻の基礎収入が300万円の場合は、妻の取り分は（600＋300）÷2＝450万円になる。ここから自分で稼いでいる300万円を引けば、夫からの婚姻費用としてもらえる金額が年に150万円と計算できる。つまり、コンピの支払い義務とは、夫がいくら稼ごうが、夫婦の自由に使える所得は完全に二等分しなければいけないという恐ろしいものなのだ。

この論文の算定表ができる前は、職業費や特別経費について、実際にかかる額を個別に認定していたので、裁判所の調査官が個別に調査を行うなど、かなりの労力がかかってしまっていた。当然のように、職業費や特別経費の費目や金額に関して争いが起こり、審理の長期化を招いていたのだ。そこで一律にエイヤー！と公式で計算してしまおうというアイディアが生まれた。裁判所の法学研究者たちが、素晴らしいイノベーションを起こしたのだ。

それではその魔法の公式を見ていこう。これはじつに美しい工学的なアプローチで、オプションマーケットを生み出しノーベル経済学賞を受賞したブラック・ショールズ式に匹敵する、非常にエレガントなフォーミュラだ。

基礎収入＝A×総収入

つまり、サラリーマンだったら額面の給料、自営業者だったら所得に、係数Aをかけるだけである。これは日本の税率や、さまざまな統計資料を元に、この分野を研究している裁判官たちが鉛筆を舐め舐めして一律に決めたのだ。サラリーマンの場合は0・34〜0・43、自営業の場合は0・47〜0・52である。サラリーマンは収入の全てがガラス張りで、税金をしっかり取られるので、額面の給料に対して、基礎収入の割合が小さくなる。一方で、自営業の場合は、さまざまな出費を会社経費として処理していると、サラリーマンである裁判官は偏見を持っているので、それが反映されて、係数Aは大きな値になっている。範囲があるのは、日本は累進課税なので、収入が大きくなればなるほど税率も大きくなるためである。サラリーマンで、年収300万円なら係数は0・43に近くなるし、年収2000万円で0・34と、基礎収入は額面給与の3割ちょっとになる。

子供がいなければ、夫婦で基礎収入の合計を山分けするだけなのだが、子供がいるとどうなるだろう。じつはここでは、成人を100、14歳以下の子供を55、15歳以上の子供を90として考えることになっている。法律家たちは、大学進学に向けての塾や大学の学費などで、15歳以上は金がかかるだろうと想像したのだ。すこしこんがらがってきたかもしれないが、具体的に計算するとすぐにわかる。

夫の年収が1000万円、奥さんの年収が200万円で、10歳の子供がひとりいるとしよう。このとき、夫のA＝0・35、妻のA＝0・4である。この係数Aを使えば両者の基礎収入を計算できる。

夫の基礎収入＝0・35×1000万円＝350万円

妻の基礎収入＝0・4×200万円＝80万円

合計して夫婦の基礎収入を求めると、350＋80＝430万円となる。この場合の子供と奥さんの取り分を計算すると次のようになる。

430万円×（100＋55）÷（100＋100＋55）＝261万円

つまり奥さんが子供を連れて出て行けば、この261万円から奥さんの基礎収入の80万円を引いた181万円（月額15万円）が、夫が婚姻費用として支払わなければいけない金額となる。

さて、晴れて離婚が成立すると、元夫が支払う金額はどうなるのだろう。離婚してしまえば妻に払う婚姻費用はなくなり、養育費だけになる。ここで、養育費の計算も簡単に説明しておこう。

養育費の場合は、婚姻費用とすこし考え方が違う。まずは、父（正確には所得が多い方）が子供と同居していると「仮定」して、子供の取り分を決める。

まずは、父の基礎収入から、子供の取り分を計算する。とりあえず、父がひとりで子供を育てていると仮定するのだ。

350万円 × 55 ÷ (100+55) = 124万円

この子供の取り分を、父親と母親の基礎収入の割合で按分するのである。

124万円 × 350 ÷ (350+80) = 101万円

これを12で割ると、元夫が払う毎月の養育費が約8万円ということが計算できる。離婚が成立すると、支払額が約半分になるのだ。

いまやこれら計算式により作られた算定表が行き渡り、夫の年収、妻の年収、子供の数と年齢がわかれば、立ちどころに婚姻費用や養育費を計算できるようになっているのだ。

最後に簡単な練習問題を解いて、コンピの算出方法を完全に理解しておこう。大人の計算ドリルである。

（問1）夫は外資系のサラリーマンで額面の年収1200万円、奥さんは専業主婦である。子供はいない。この場合の婚姻費用は月々いくらになるのか計算せよ。ただし、基礎収入は額面年収に0・35を乗じて計算し、答えは四捨五入して万の位まで求めよ。

（答）まずは夫の基礎収入を計算する。

1200万円×0・35＝420万円

月額に直す。

420万円÷12＝35万円

これが夫婦の月額基礎収入の合計なので、奥さんの取り分はこの半分になる。

35万円÷2＝17万5000円

以上から、月々の婚姻費用は約18万円と計算できる。

（問2）問1のケースで、14歳以下の子供がひとりいて、奥さんと子供が実家に帰り、別居している場合は、婚姻費用はいくらになるのか計算せよ。

（答）基礎収入のうち、妻と子供の取り分を計算すればいい。

夫＝100、妻＝100、子供（14歳以下）＝55なので、以下のように妻と子供が受け取る割合が決まる。

（100＋55）÷（100＋100＋55）＝0・608

月々の基礎収入にこの割合を乗じる。

35万円×0・608＝約21万円

以上から、月々の婚姻費用は約21万円と計算できる。

（問3）問1と問2の計算結果を踏まえて、婚姻費用の特徴を簡潔に説明せよ。

（答）子供を産み育てている主婦と、ただ結婚した子無しの主婦では、婚姻費用の金額はあまり変わらない。この場合では、わずか3万円の差しかない。

（問4）離婚が認められるのに必要な年月を5年とした場合に、問1の夫が離婚する際に支払う総額を計算せよ。ただし、離婚成立時の夫の預金は1000万円、妻の預金は100万円で、預金以外の共有財産はないものとする。また、慰謝料はないものとする。

（答）まず、5年分の婚姻費用の総額を計算する。
18万円×12カ月×5年＝1080万円
次に、財産分与を計算する。
（1000＋100）÷2－100＝450万円
婚姻費用の総額と財産分与を足す。
1080＋450＝1530万円
以上から、夫が離婚する際に支払う金額は約1530万円と計算できる。

（問5）問4で子供がいた場合、離婚が成立するまでにかかる年月は長期化する（未成年者がいる場合は、通常は離婚は認められない）。ここで離婚が成立するまでに10年かかるとした場合の夫が支払う総額を計算せよ。ただし、15歳以降でも、子供の割合は55を使って計算してよいとする。

（答）まず、10年分の婚姻費用の総額を計算する。
21万円×12カ月×10年＝2520万円
次に、財産分与を計算する。
（1000＋100）÷2－100＝450万円
婚姻費用の総額と財産分与を足す。
2520＋450＝2970万円
以上から、夫が離婚する際に支払う金額は約2970万円と計算できる。

（問6）問5で離婚が成立した後、子供は妻と暮らすことになった。子供の年齢は16歳である。この場合の養育費を計算せよ。

（答）元夫の基礎収入の420万円から子供（15歳以上）の分を求める。
420万円×90÷（100＋90）＝199万円
月額に直す。

199万円÷12＝17万円

夫が離婚する際に支払う養育費は月約17万円と計算できる。

（問7）離婚する際の和解金は、通常、問4、問5で求めた金額より大きくなる。その理由を説明せよ。

（答）奥さんは、それ以上払われなければ、離婚に合意しないほうが経済合理的だから。

第2章　離婚裁判の実際

長いほど妻に都合がいい離婚裁判

これまでに結婚というのは、ある種の毎月分配型の特殊な債券の譲渡である、ということが理解できたと思う。しかし、結婚と金融商品の取引で大きく違うのは、その契約の手続きにかかる時間だ。金融商品の取引は5分もあれば済むのだが、結婚するには男女が出会って、通常は1年以上の交際期間を経て、契約成立となる。離婚とは、この契約の解約条項をめぐる攻防と言えるのだが、これは夫側が高額所得者の場合は、通常は何年もかかるのだ。この章では、離婚に至るまでの法的なプロセスの概要を説明する。

その前に、実際には日本の離婚の約9割が、裁判所を経ない協議離婚である、ということを述べておく必要があろう。どれだけ浮気をして、どれだけ暴力を振るい、酒とギャンブルに散財してしまった夫でも、男にまともな所得も貯金もなければ、奥さんにも名うての弁護士にも何もできない。文字通りお手上げである。どんな立派な法律があり裁判所があろうと、ない金は取れないのである。実際に、日本の離婚する家庭の9割程度は、夫に大した所得もなく、それゆえに弁護士を雇い、法廷闘争を続ける経済合理性がなく、奥さんは子供を連れて出て行き、「何もいりませんから離婚してください」と、飲んだくれの亭主に、ほとんどボランティア精神で奥さんにつきあっている弁護士といっしょにお願いしに行き、離婚を成立させるわけである。しかし、夫が、医師や弁護士、大企業のサラリーマン、ある程度の規模の会社経営者など、まともな職業で、比較的高額な所得を得ている場合、離婚裁判は長期化する。それは、すでに説明したように、奥さんは、婚姻費用を長期間にわたって搾り取り続けることにより、経済的な利益を得ることができるからだ。

まずは、別居中の奥さんから、婚姻費用分担請求の調停か審判が家庭裁判所に申し立てられる。調停は、家庭裁判所のボランティア同然の調停委員の下で、双方に納得いく仕送り金額を話し合いで決定しようということであるが、すでに説明したように、所得からほぼ自動的に決まる算定表があり、奥さんはこれより下の金額で合意するとは考えられず、結局は、最後は裁判官が出てきて算定表に基づいて決定する。このときに奥さんから、源泉徴収票や確定申告書類の提出を求められ、それらの提出を拒めば、奥さんの言い値が通るだけである。また、奥さんという立場で税務署に行けば、納税記録の書類を貰ったりすることもできるので、それらから婚姻費用が算出されることもある。

審判では、こうしたボランティアのおじちゃん、おばちゃんの前での協議をすっ飛ばして、最初から、提出された所得を証明する書類を元に、裁判官が婚姻費用算定表を使って、その金額を決定する。奥さんは、調停でも審判でもどちらでも好きなほうを選べる。ちなみに、調停でも審判でも、家庭裁判所では、申立人と相手方で別々の待合室が用意されており、双方が交互に調停委員、または裁判官がいる部屋に入って、いろいろと主張を述べるので、お互いに顔を合わせる必要はない。むしろ、顔を合わせられないように、控え室も離れており、時間が重ならないように順番に呼ばれる。双方が顔を合わせるのは、最終的な金額が決定され、それを裁判官から言い渡されるときだけである。つまり、一度、こうした法的プロセスがはじまってしまえば、かつて愛し合っていたはずの夫婦が、一言もお互いに口をきくことはなくなり、全ての夫婦のコミュニケーションは、弁護士と裁判所を通して、ということになるのだ。そして、双方の弁護士もそれを望む。

さて、ある程度以上の金額で婚姻費用が決まってしまえば、奥さんは、あとは好き放題、自分の人生をエンジョイするだけである。よって、取り立てて何か離婚する必要を感じていなかった夫側から、離婚裁判を起こさなければいけないことになる。なぜならば、離婚が成立しない限り、この婚姻費用を永遠に払い続ける必要があるからだ。コンピ地獄である。

日本では調停前置主義と言って、いきなり離婚裁判はできないことになっている。夫婦の問題はまずは話し合い、というわけだ。調停と裁判の違いは、双方が和解できなかった場合、調停は調停不成立で何も起こらないが、裁判は裁判官が強制的に判決を書くことである。ちなみに、これらの調停、裁判の申し出には、奥さんの住所が必要で、奥さんがどこに住んでいるのかわからない場合も多いが、奥さんは婚姻費用請求の際に、自分の住所を書く必要があり、裁判所はそこに、訴訟に関連した書類を送付してくれる。ただし、その住所は、プライバシー保護の観点などから、夫は教えてもらえない。

いったんコンピ地獄になってしまえば、奥さんのほうには、離婚裁判を長引かせるインセンティブが生じるので、調停でお互いにわかり合える、などとは露程も思わないほ

図 2-1　家庭裁判所での調停の流れ

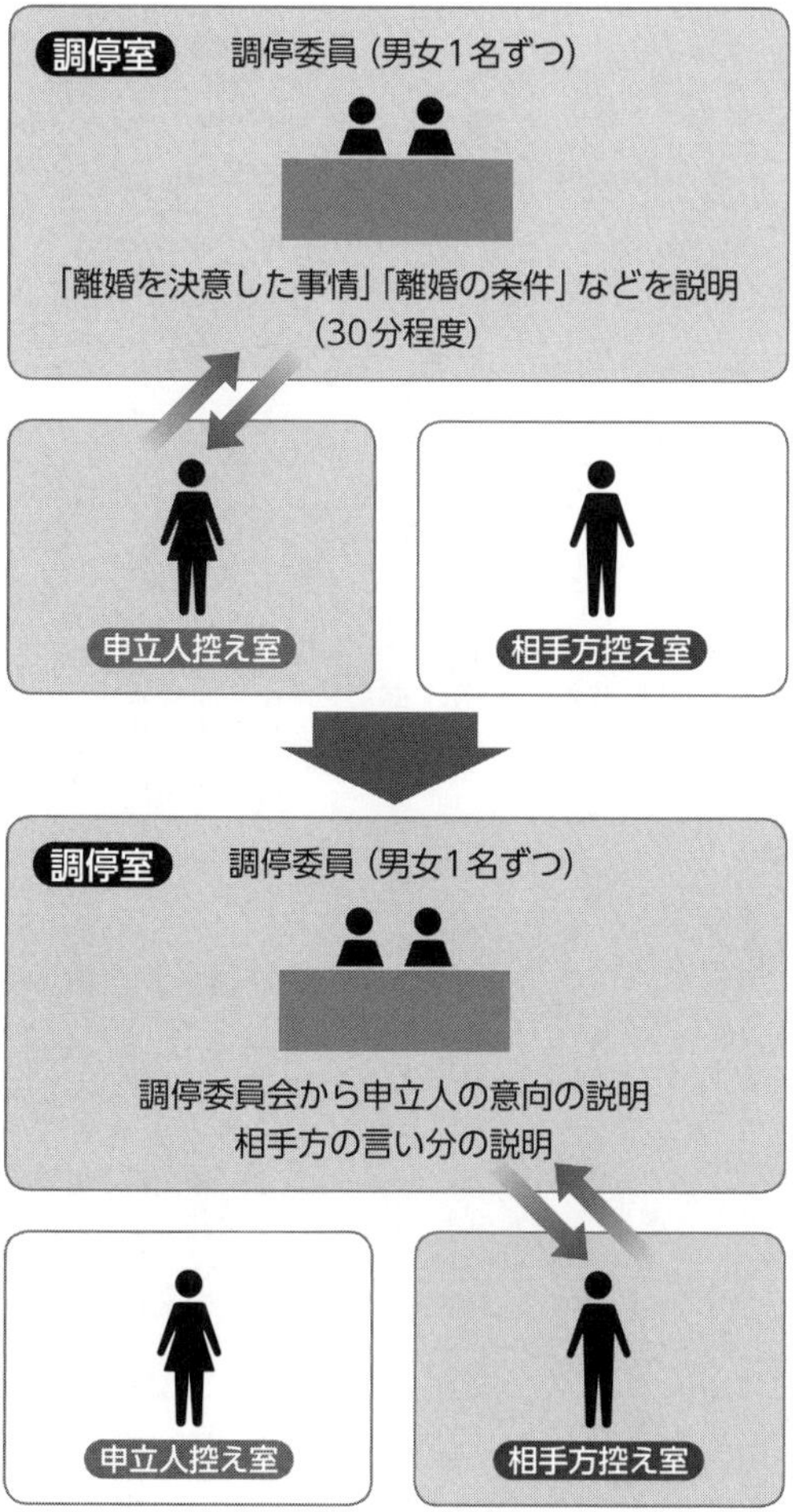

うがいい。ボランティアの調停委員のおじちゃん、おばちゃんの前で長々と話していても、時間の無駄、金の無駄である。なるべく早く、お互いに同意できないという結論、つまり調停不成立にしなければいけない。そうしないと裁判ができないからだ。調停は最短でも3〜6カ月程度、長い場合は1年以上かかる。裁判所は、調停を1カ月に1回程度の頻度でしか入れてくれないので、3カ月と言っても、3回協議するだけである。ビジネスマン的な感覚では5分のミーティングで決まるようなことは、裁判所では半年かかると思っていいだろう。

それから、長い、長い離婚裁判がはじまる。まずは家庭裁判所であるが、粛々と、奥さんがどれだけひどい人物で、悪行の限りを尽くしていて、昔も今も奥さんのことをまったく愛していない（＝実質的な破綻状態）ということをひたすら弁護士といっしょに主張し続けることになる。また、奥さんのほうも、夫がどれだけひどい人物で、それに耐え抜き、止むに止まれぬ理由で別居している、という主張をする。奥さんは、離婚したくない、また元の生活に戻りたい（そうすることにより婚姻費用を最大化できる）、という虚偽の主張をし続け、一方で夫の悪事の数々をまくし立てる、というとても奇妙な論理を展開することになる。なぜ、有りもしない夫の数々の悪事を訴えるかというと、離婚の主たる原因が夫にある、つまり夫は「有責配偶者」であるという認定を裁判官がすると、離婚成立が著しく困難になるからである。相手を有責配偶者にさえしてしまえば、コンピ地獄を非常に長期化できるのだ。

1年間書面で罵り合う

離婚裁判とはいっても、手続き上の流れは通常の民事裁判といっしょである。ちがいは、すでに説明したように、最初に調停を少なくとも1回はやらなければいけないこと、そして、第一審が地方裁判所ではなく、家庭裁判所であることだ。

まず原告（訴える方、以下は夫が原告と仮定する）が訴状を弁護士といっしょに作成する。これは数十ページからときに100ページ以上になることもある。どういう経緯で結婚に至ったか、どのような結婚生活であったか、そして、それがどのように破綻していったかが説明される。

特に重要な部分が、結婚生活が破綻したのは、全て奥さんが悪いということをしっかりと立証することである。奥さんが、家事（子供がいれば育児も）をまったくやらなかった、金を浪費した、異常な性格であった、そして、浮気を繰り返したり暴力を振るったりもした、などということが述べられる。これは後でくわしく説明するのだが、どちらが悪くても、実質的に結婚生活が破綻しているならば、たとえ悪い方からの訴えであっても、別居期間が長期（最低数年以上～10年程度）にわたり、修復の見込みがなく、さらに未成熟子（扶養の必要が認められている子）もいないならば、離婚を認めようという、「破綻主義」に現在の日本の司法は傾きつつある。ところで、傾きつつある、と言っても法曹界の時間感覚はビジネスマンのそれとはまるで違い、この20年ぐらいのトレンドで、次の10年で変わるかもしれないし、変わらないかもしれない、という程度なのだが。とにかく、この破綻主義を味方につけるために、夫がいかに奥さんを最初から最後まで愛していなかったのか、結婚は何かのはずみでやってしまった誤りであって、愛情などは最初からなかったのだ、ということも事細かに訴状に書かれていく。まったくもって愛情がなければ、修復の見込みもない、ということになるからだ。

優秀な弁護士なら、たいていの人を、極悪非道のとんでもない異常人格で、更生の余地のないような人物として描くことができる。この際に、暴力なら診断書、浮気の証拠なら携帯電話のメールのコピーなどの様々な証拠もいっしょに提出される。また、録音されたものは、文字起こしをして提出しないといけない。

たとえば、ちょっとした夫婦喧嘩で奥さんに引っ掻かれたり、叩かれた場合は、次のような書面にしてくれる。「被告は、原告に対して、爪で引っ掻く、殴るなどの暴力を加えるようになった（証拠1　診断書）。包丁を持って『殺すぞ』と脅すようなことも頻繁にあった（証拠2　テープの文字起こし）。こうした被告の暴力は、ほぼ毎日行われた」

そして、夫が愛人の家に転がり込んで、家に帰らなかった場合は、次のようにさも相手が悪いように表現される。「こうした度重なる暴力により、原告は、精神的に疲弊した。原告は、自宅で生活することが苦痛でしかなかった。原告は、被告の暴力的な言動により、満足に睡眠をとることすらできなくなり、これ以上、被告との同居を継続することはできないと考えるようになった。やむにやまれず、原告は、○月×日、家を飛び出して、別居を開始した」

このような訴状を作成し裁判所に提出したあと、原告と裁判所が相談して、第1回口頭弁論期日が決められる。通常は訴状を提出してから1、2カ月先である。そして、被告に、訴訟がはじまったことを郵便で知らせてくれる。被告は、第1回口頭弁論期日までに、訴状に対する答弁書を提出しなければいけない。これを提出せずに、口頭弁論を欠席すると、被告はすぐに敗訴してしまう可能性もある。調停とちがい、裁判では、どちらかが不服でも最終的にはひとつの結論が国家権力によって導かれるのである。

被告は、答弁書で、原告が言っていることは、いかにデタラメで、支離滅裂で、さらに提出された証拠も恣意的なものであり、真実はまったく異なる、ということを主張する。さらに、夫こそが異常人格者であり、浮気と暴力を繰り返したとんでもない人物である、ということを主張する。これはすでに説明したように、夫が有責配偶者だと裁判官に思われれば、夫からの離婚請求が著しく困難になるからである。しかし、それほど極悪非道な人物であっても、やはりまだ愛していて、もう一度やり直したい、との主張も同時にしなければいけない。なぜならば、「それじゃ、別れれば」という至極もっともなことを言われると、婚姻費用を搾り取れないからである。これが離婚裁判のまことに奇妙なところなのである。

ちなみに、口頭弁論などと呼ばれているが、実際には原告も被告も裁判所に来ることはほとんどなく、双方が雇った弁護士が、裁判所に提出した書類を眺めるだけである（書類は期日の数日前までに裁判所と相手の弁護士にＦＡＸで送られている）。裁判官は、それぞれの主張を読んで、食い違っているところなどを指摘しながら、次の第２回口頭弁論期日までに、反論のための書類（これを準備書面という）を提出するように言う。この第2回口頭弁論期日は、通常は1カ月程度先の日に設定される。つまり、離婚裁判に限らず、民事裁判というのは、原告が訴状を提出、その訴状に対する反論である答弁書を被告が提出（第1回期日）、それぞれがまた準備書面で反論する（第2回期日）、その反論に対する反論をお互いに提出（第3回期日）、というように、約1カ月ごとに口頭弁論の準備書面を提出し続けるゲームなのである。離婚裁判の場合は、これが5～10回程度は続く。つまり1年近くは、こうして書類上で夫婦がお互いをこれでもかというほど罵り合うのである。このプロセスを通して、訴状や答弁書、証拠、準備書面などで、通常は電話帳2、3冊分ぐらいの文書が積み上げられる。こうして書類上で双方の主張が出尽くしたあとに、証人尋問と本人尋問が行なわれる。通常は、この尋問の前に、裁判官から和解するように強烈なプレッシャーがかけられる。

裁判官が和解話を持ちかける理由

裁判では、かつては愛し合った夫婦同士が、文書でお互いをこれでもかと罵り合うわけである。そこにあるのは、双方の金に対する愛情である。少しでもたくさん金を取りたい奥さんと、少しでも自分の金を守りたい夫との血みどろの法廷闘争である。そんな夫婦も大変だが、犬も喰わない夫婦喧嘩を、1年以上も聞かされ続けられる裁判官も大変である。そして、家庭裁判所の裁判官は、こんな進行中の裁判をひとりで100~200件も抱えているのである。日本の官僚は、昔ほどの輝きは失ってしまったが、現在でも、貧しくとも優秀で勤勉である、と世界から評されているが、日本の裁判官も例外ではない。彼ら、彼女らは、労働基準法などお構いなしに、毎日残業続きである。週末も、この文書に書き起こされた、犬も喰わない金欲まみれの夫婦の痴話喧嘩を読み続けるのである。

さて、裁判官の出世で何が大事かということを考えることは、裁判というゲームの仕組みを理解するために極めて重要だろう。それは第一に年間の事件の処理件数である。そして処理というのには、当然、和解も含まれている。判決文を書くには、お互いの主張とその反論を精読して、提出された証拠と突き合わせながら、矛盾点をあぶり出し、慎重に事実認定し、法律、過去の判例に基づき、間違いのない結論を導かないといけない。そして、判決文と、その結論に至った理由など、裁判官は、相当にたくさんの文章を書かなければいけない。一方で、和解では、いくらの金銭をいつまでに払う、というぐらいのことを書くだけでいいので、楽だ。事情はどうであれ、お互いにそれで納得したのだから、裁判官がこれ以上は関わらなくていいのだ。

判決の場合はどうなるのか。裁判にまで行っているということは、夫婦関係がお互いに抜き差しならない関係になっているということだから、第一審の家裁の判決で双方が納得することはなく、控訴される可能性が高い。そして、第二審の高等裁判所にまで行くことになる。裁判官には厳然たるヒエラルキーがあり、家裁での判決が、高裁で覆るのは、サラリーマンでいえば、上司にお前のやり方は間違っている、と言われるようなものだ。つまり、判決を書いても、家裁の裁判官としては、高裁でひっくり返って出世競争で減点されるという大きなリスクを抱えることになるだけで、労多くして功少なしである。これも裁判官が必死に和解させようとするインセンティブになる。

ちなみに、日本は三審制と言われるが、最高裁は、基本的には、憲法の解釈だとか、過去の判例の変更だとか、そういう日本の法体系に関わることしか審査しないので、事実上の二審制となっている。つまり、最高裁では、ふつうは事実認定は争われず、そもそも高裁では過去の判例に照らしてこうした判決になったが、その判例自体が間違っているとか、そういうことしか争われないのだ。だから、離婚裁判は高裁でおしまいである。高裁も、また一から裁判をするのではなく、第一審の家裁の続審であり、あの電話帳のように積み重ねられた書類の上に、新たな書類を積み重ねて、家裁の裁判官はここがちょっとおかしいとか、そういうことを審理するだけである。

先程も述べたように、日本の裁判官は、東大や京大出身で、在学中に超難関試験と言われている司法試験を突破したような優秀で勤勉な人ばかりなので、高裁で家裁の判決がひっくり返るようなこともあまりない。こうなっては、事実上の一審制だ。

このような理由で、裁判官もなるべく和解させたい。それで隙を見つけては、裁判官は、和解の話をちょくちょく持ちかけてくるわけだが、その和解へのプレッシャーがクライマックスに達するのが、ちょうど準備書面を5~10回ほど交換し合ったあとに訪れる「尋問」の前である。書面上で、ほぼお互いの主張が出尽くし、どの事実関係でお互いが矛盾したことを主張しているのか、争っているのかが明らかになったころに、この尋問の期日が決められる。

尋問では、夫婦がお互いに裁判所に来て、裁判官の前で、自分の弁護士、そして相手の弁護士の質問に次々と答えていかなければならない。証人が来る場合は、証人にも尋問を行なう。これは原告にも被告にも負担になることで、裁判官にしてみたら、和解させる大チャンスである。

そこで、裁判官は何をするかというと、奥さんが納得する金額を夫が出すように仕向けて、なんとか金で解決させようとするのだ。「日本の法律ではこのままでは離婚が認められる可能性はそんなに高くない」と、夫が裁判で負けそうなことを匂わす。離婚が認められなければ、このうんざりする離婚裁判があと何年も続く。そしてその間、婚姻費用が毎年搾り取られていくのだ。こうして、奥さんに提示する和解金額がどんどん吊り上がっていく。そして、裁判官は、今度は奥さんのほうには、こんなことを言うのである。「さすがに、これは離婚が認められるかもしれませんね。旦那さんもこれだけ払うと言っているんだから、裁判を続けるよりも、ここで和解したほうが得かもしれませんよ」

じつは、弁護士のほうも、早く和解して欲しいのである。弁護士の報酬は、着手金と成功報酬で、夫側の弁護士としたら、成功報酬は通常は離婚成立時に払われることになっているので、とにかく離婚が早くできればできるほどいい。奥さんのほうの弁護士の成功報酬だが、これも取れた金額の何割というように契約している場合が多く、ここでゴソッと和解金が取れれば、成功報酬もはずむというものだ。時は金なり。弁護士も早く和解したいのだ。

こうして婚姻費用を搾り続けたい妻に対して、夫、夫の弁護士、裁判官みなが和解のプレッシャーをかけることになる。よっぽど婚姻費用が多額で、その婚姻費用に対するインセンティブが成功報酬に盛り込まれていない限り、内心は妻の弁護士も「奥さん、そろそろ和解してくれないかな」と思っている。このことは、毎月婚姻費用を搾り取られ、忙しい仕事の合間に離婚裁判なんかに関わらなければいけなくなったビジネスマンの夫にはせめてもの救いだ。

じつは話し合いや調停より楽な裁判

離婚裁判はこれからいよいよ佳境に入る。尋問というのは、夫も妻も法廷に出てきて、裁判官の前でお互いの主張や反論をするので、ドラマなんかを見ていると、いかにも裁判という感じがする。さて、この尋問の解説をする前に、ひとつ重要なことを述べておく。それは何かというと、ビジネスマンにとって、離婚裁判はじつは楽である、ということだ。

これまでに説明した裁判の流れを思い出せば、どれほど離婚のための裁判が大変かと思ったかもしれない。その通りだ。そして、世間で売られている、離婚に関する本を読んでも、裁判というのは、時間的にも精神的にも非常に大変だと書かれている。その通り。しかし、信頼関係のなくなった妻やその両親との話し合い、調停での調停委員との話し合いと比べると、じつは裁判のほうが楽なのである。なぜならば、あの電話帳ほどの厚みのある書面を書くのは、自分ではなく、弁護士だからだ。大変なのは、弁護士なのである。ここを間違えてはいけない。

妻との直接の話し合いがどれほど大変かは、個々の事情によると思うので、ここでは調停と裁判の違いを解説して、裁判のほうがいかに楽なのか解説しよう。まず、もっとも重要なことは、調停は本人が行かないといけないが、裁判は、次項で解説する尋問以外、本人は行かなくてもいいのである。そして、裁判所は平日の昼しかやっていない。これが何を意味するかというと、調停では毎月会社を休まないといけなくなるということだ。これはビジネスマンにとってはかなりの負担になる。会社の上司に、来月のこの日は有給休暇を取ります、と毎月毎月言わないといけなくなるのだ。一方で、裁判では裁判所に行くのは、弁護士だけである。本人はふつうは行かない。そして、弁護士は、訴状や準備書面を書くために、夫にいろいろインタビューする。しかし、文章を書くのは弁護士なのである。夫はそれをチェックするだけだ。そして、もちろん弁護士は、こちらの都合に合わせて、夜とか、週末にミーティングをセットしてくれる。これだけでも、ほとんどのビジネスマンにとってはかなり負担が軽減されるだろう。

そして、もうひとつの調停との違いは、裁判では、裁判官を頂点として、夫の弁護士、妻の弁護士の3人で話が進んでいくことだ。これで、話し合い（実際に夫と妻が顔を合わせることは尋問の日までないが）が非常に論理的かつ建設的になる。なぜか？　それは弁護士も裁判官も頭がいいからだ。彼らはビジネスマンと同じ言葉を話す。つまり論理的なのだ。もちろん、たった10分やそこらの口頭弁論（実際にはすでに事前に送られた書面を当事者は前もって読んでいる）を1カ月に1度の頻度で開催していき、1年もかけて些細な問題を話し合うなどというのは、ビジネスマンの感覚的にはおかしいとしかいいようがないのだが、裁判官も弁護士も、とにかく法律の論理や、合理性といったものを理解している。だから、ビジネスマンと会話ができるのだ。

一方で、妻は、とにかく夫の全財産を奪い取ってやるとか、夫の人生をめちゃくちゃにしてやるとか、感情むき出しで、論理的、合理的に会話をすることができない。そういう人と長い間、話し続けるのは、大変に困難であり、精神的にも非常に疲れる。法律はこうなっているから、このまま裁判を続けても、合理的に考えれば、奥さんが勝ち取れる金額は最高でもこれぐらい、下手《へた》したらこれぐらいになっちゃいますよ。だったら、間を取ってこれぐらいで離婚して、お互いに別々の人生を生きていったほうが建設的じゃないですか、という話にはなかなかならない。なぜならば、妻の目的は、自分を裏切った夫を破滅させてやることなのだから。そして、調停委員のおじちゃんとおばちゃんも、こういう妻と同じ種類の人たちだ。つまり、ファクトやロジックで物事を考えない。だから、話し合いで解決できないと思ったら、とにかく調停を早く終わらせるに限るのだ。

もちろん、話し合い、または調停で、ポンと離婚が決まればそれに越したことはない。だから、夫（婚姻費用を支払う立場のほう）は、ここで金をケチるべきではない。しかし、妻があまりにも法外な金額を要求していたり、妻の目的が自分を破滅させることだ、ということがわかったら、とにかく早く裁判をはじめるべきなのだ。ビジネスマンにとっては、離婚裁判は、明日朝早くから会社に行かなければいけないのに、寝る前にケンカをふっかけられてグチグチ言われる夫婦生活よりもはるかに楽なのである。

尋問は役者の才能が問われる

ここまでは双方の弁護士と裁判官で話が進んできており、原告も被告も裁判所に行くことは和解交渉のとき以外はなかったのだが、尋問は本人が行かないといけない。尋問されるのは相手を訴えている原告、訴えられている被告、そして第三者が証拠についてなんらかの証言をしてくれるなら、さらに証人が加わる。

裁判官は法廷の奥の一段高いところから我々を見下ろしている。裁判官の前には書記官などが数人座っている。見習いの裁判官が横に座っている場合もある。そして、法廷の右と左に、それぞれ原告とその弁護士、被告とその弁護士に分かれて座っている。証言をする人が真ん中の席に行き、そこで嘘偽りを決して言わないことを宣誓させられたあとに、質問に答えていくのである。ここまでの様子はドラマの中で出てくる裁判と同じである。法廷ドラマでの尋問シーンは、お互いの弁護士が雄弁に論争し、裁判官が真実にハッと気付き、被告や原告が涙を流したりするのだが、これは実際の尋問とはまるで違う。まず、尋問で弁護士同士が議論を戦わせるということは原理上ありえないし、また、原告と被告が議論することもない。まずは、尋問に先立ち、原告、被告の双方が陳述書を裁判所に提出する。陳述書では、いままで毎月積み上げてきた電話帳数冊分の書面のなかで特に主張したい部分や、相手の主張の矛盾点などを浮き彫りにする事柄を、本人がしゃべっているかのような口語調で書き記す。

尋問というのは3種類ある。主尋問、反対尋問、そして裁判官尋問である。主尋問では、自分が雇っている味方の弁護士からの質問に本人がひとつずつ答えていく。反対尋問では、相手の弁護士、つまり自分の敵の弁護士からの質問に本人がひとつずつ答えていく。そして、最後に裁判官がいくつか質問する。つまり、どちらにせよ弁護士というのは、ただ質問するだけなのである。だから、弁護士同士が議論するということはないのだ。さらに、こうした尋問でのやりとりは書記官が全て記録しており、録音もしているが、お互いの言葉が重なり合っていると何を言っているのかわからない。だから、質問を最後まで言わせて、それに対する答えも最後まで言う、ということになる。口げんかみたいに相手の言葉が終わらない間にしゃべり出せば裁判官に注意されるのだ。また、事前に裁判官との相談で、証言したいことの内容などから時間がきっちりと決められる。

通常は、主尋問と反対尋問で合わせて1時間程度である。これを超えて証人が長々としゃべっていると裁判官に途中で終了させられてしまう。このように議論が進むので、その様子もドラマで見るような光景とはかなり違う。

主尋問（味方の弁護士との質疑応答）では、当然だが、弁護士がどんな質問をするのかは前もって知っているので、これは尋問の日までに入念にリハーサルすることになる。ビジネスマンにとっては、小学校の学芸会以来の演劇の舞台だ。それで弁護士に、裁判官は涙に弱いので、なんとかここで泣けませんか、みたいなことも言われ、必死に涙を流す練習まですることになる。ここまでできれば立派な役者だ。反対尋問（敵の弁護士との質疑応答）では、どんな質問をされるかわからないのだが、これもある程度の想定をして、必死に練習することになる。それで間違っても、「じつは一度浮気したことがあります」なんて言わないように、弁護士に何度も念を押される。有責配偶者に認定されたらひとたまりもない。

ここまで読んでいただければ、尋問といえども、それはかなり形式的なもので、実際のところそれまでの「書類審査」のほうで、だいたい裁判の行方は決まっているのではないか、と思った方も多いだろう。ふつうのビジネスの紛争なら、それはその通りだ。

しかし、離婚裁判は違う。離婚裁判では、尋問の重要性は、その他の裁判よりはるかに高い。それは離婚裁判では、その性質上、決定的な証拠というのはまず出てこないからである。浮気をした、されたと言っても、相手が愛人とセックスをしているところを

図 2-2　法廷の尋問の様子

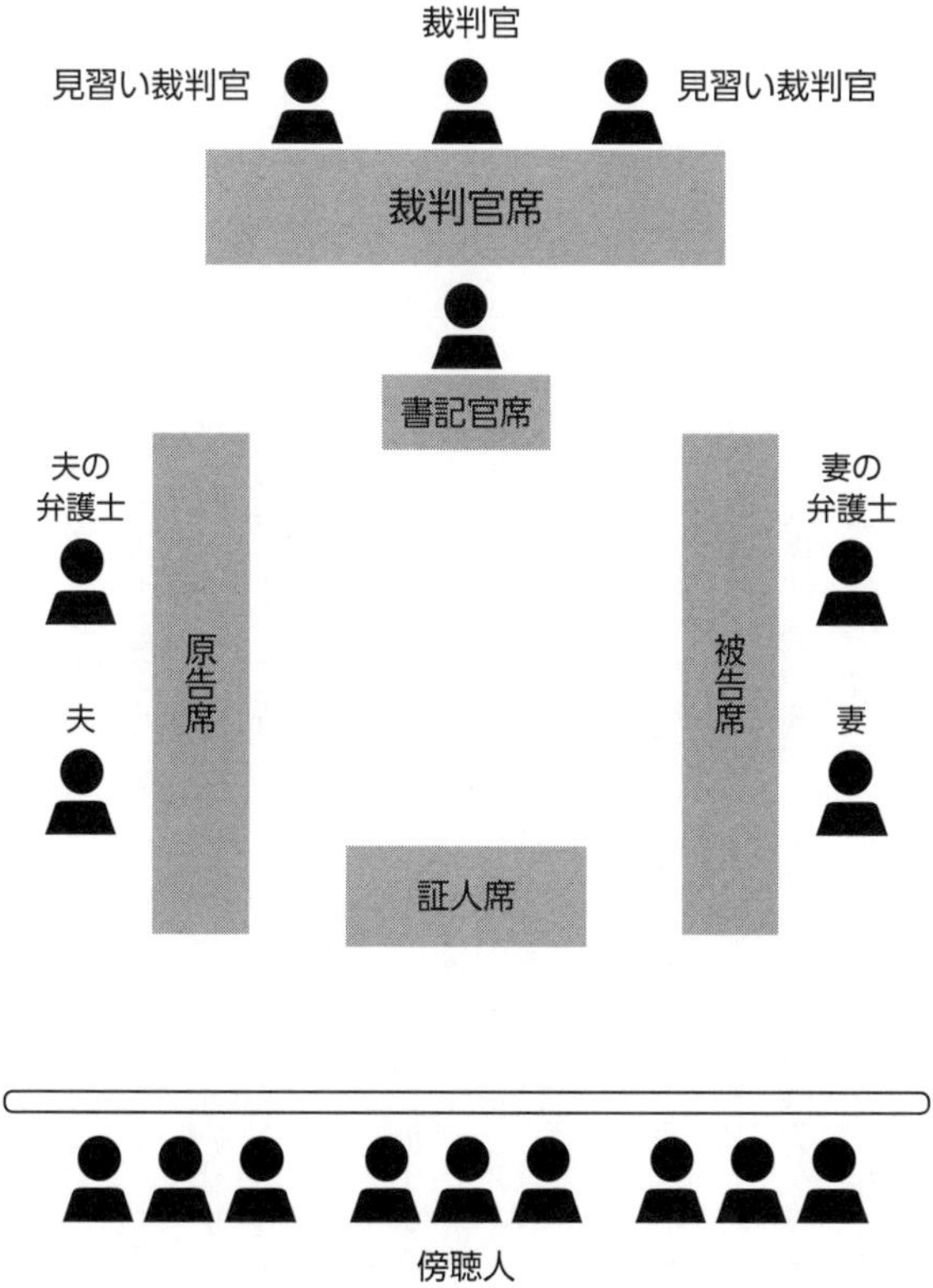

ビデオに撮るなんてことはまず不可能である。暴力を振るわれたと言っても、実際に後遺症が残るような深刻なものであることもまず稀である。要するに、証拠もないままお互いの主張するストーリーの説得力を争うことになるのだ。

弁護士は脚本家で、あなたは役者なのだ。これまでに弁護士が書いてきた脚本が、尋問での役者の演技力次第で感動を呼ぶ素晴らしいストーリーになったり、駄作になったりするのだ。この尋問ではさまざまなテクニックがあるのだが、相手が前もって準備できないように、電子メールのコピーなどを隠しておき、反対尋問でいきなり質問したりすることもある。

「○月×日に、あなたは□△さんと食事に行っていますね?」

「行っていません」

そこで待ってましたとばかりに、「それでは、この電子メールはなんですか?」と言って、証拠を見せて、相手を動揺させて、ポロッとこちらに有利な証言を引き出すのだ。少なくとも裁判官には、この人物は嘘つきでいままでの証言はデタラメだという印象を与えることができる。ここで感情豊かな表現をしたり、涙を流したりするのは、どちらかというと女性のほうが得意である。女性はみな生まれながらにして女優なのだ。それに彼女たちは、婚姻費用で暮らしているので、舞台稽古の時間がたっぷりとある。一方で、ビジネスマンは、毎日の仕事で忙しく、こうした演劇の練習が十分にできない。ここでも、男のビジネスマンは不利なのである。

いよいよ判決の日

さて、尋問が終わると1カ月程度で、書記官が作った文字起こしが出てくる。すでに説明したように、ふつうのビジネスの裁判では、尋問はやや形式的なところがあって、それまでの口頭弁論での準備書面の応酬ですでに7割程度は結論が決まっているのだが、離婚裁判ではそもそも決定的な証拠が双方にほとんどなく、夫婦の水掛け論の繰り返しになるので、尋問は大切である。離婚裁判では、それまでの準備書面での議論は5割ぐらいで、おそらく尋問の重要度は4割程度になる。

この尋問の文字起こしが出てきた時点で、裁判の行方の9割方が決まることになる。最後の1割であるが、それは最終準備書面である。これが、お互いに尋問の証言内容に対して、書面で反論し合う最後のチャンスになる。ここまでで実質的には裁判の全てが決まる。裁判官は、尋問が終わった時点で、双方の弁護士を呼んで、最終準備書面でどういう反論があるのか話を聞けば、自分が判決を書くのだから、判決がどうなるか当然だがわかる。それで親切な裁判官は、ここで前もって、判決がどうなるかほとんど教えてくれることになる。こうして最後の和解交渉がはじまる。やはり、裁判官は、判決より和解のほうが楽でいいのだ。

原告（離婚したいと訴えている夫）の敗訴が決まっている場合、夫側の弁護士は「残念ながら、離婚が認められる可能性は極めて低い。だから、もう本当に出せるだけの目いっぱいの金額を旦那から引き出してきなさい。それで奥さんを説得するから」などと裁判官に言われる。こうして夫は全財産を積むことになる。ここでケチって払わなかったら、これから何年もかけて婚姻費用で取られるだけであり、全財産で離婚してくれるのだったら、そっちのほうが得だということになるからだ。

原告勝訴が決まっている場合は、今度は妻側が「これは離婚が認められる可能性が高いですね。奥さんも、ここで意地を張るよりは、和解して金をもらったほうが得ですよ。新たな人生を歩み出そうじゃありませんか」などと言われる。このような場合は、夫が支払う金額はかなり減ることになる。

ここで和解ができなかったら、いよいよ判決である。判決文は裁判官が法廷で読み上げる。ここで当事者たちが法廷に来ても結果は変わらないのだから、誰も来ない。裁判官が誰もいない部屋でひとりで読み上げる。弁護士ぐらい来てもいいものだが、控訴するには判決を知ってから14日以内にしないといけないというルールがあり、判決をその場で聞くより、郵送で判決文を受け取ったほうが、知るタイミングが遅れるので時間稼ぎができるのだ。そして、この判決で双方がお互いに納得できなければ、高等裁判所に控訴することになる。

高等裁判所では、すでに述べたように、また一からやり直しというわけではなく、これまで積み上げられた電話帳のような準備書面の数々、そして家庭裁判所での判決文に基づいての続審となる。しかし、控訴審は、一審の判決文に対する反論を裁判官が読んで、１回の審理で結審してしまうことが多い。結審というのは、ボクシングでいえば試合終了の意味で、その後に、第一審の家庭裁判所で行なったような、準備書面での応酬や証人尋問などを行なわないことを意味し、すでにこれまでに提出された書面や一審の判決文に基づき、これから高等裁判所の裁判官が判決（ボクシングでいえば、判定結果の通知）を書くことになるのだ。だから、最初の判決がなぜ間違っているのかをよっぽど上手く説明できない限り、控訴審は数カ月程度で終わってしまう。日本は実質的には二審制なので、最高裁に上告しても棄却されるだけで、これでひとまず離婚裁判は終わりである。

婚姻費用の権利を守りぬいた奥さんにはお疲れ様と言いたい。そして、離婚できなかった旦那には、また次にがんばろうと言ってあげたい。

こうして第2ラウンドは、また、家庭裁判所に戻ることになる。振り出しに戻るのだ。ちなみに、当然だが、離婚が高裁で認められた（最高裁まで行く場合は最高裁で）場合は、それで終了だ。それで離婚という結論は出たのだから、また、裁判をやり直して、婚姻関係を復活させられることはない。一方で、離婚を求める裁判は、何度でも起こせる。なぜならば、時間の経過とともに離婚事由は変化しているからだ。裁判を通して積み上げた別居期間の実績で、実質的な婚姻関係の破綻だと認められるかもしれない。

婚姻費用を搾り取られている側は、相手が離婚してくれるまで、離婚裁判をひたすら繰り返していくことになるのだ。

裁判所で認められる5つの離婚原因

そもそも日本の法律ではいかなる場合に離婚が認められるのか？　それは民法770

条1項に書いてある。

民法770条1項
1　配偶者に不貞な行為があったとき。
2　配偶者から悪意で遺棄されたとき。
3　配偶者の生死が3年以上明らかでないとき。
4　配偶者が強度の精神病にかかり、回復の見込みがないとき。
5　その他婚姻を継続し難い重大な事由があるとき。

3と4は読んで字のごとくそのままの意味である。5は要するに、性格の不一致など、なんでもありうるという意味であるが、ふつうはこういう包括条項を濫用するのは避けるものである。それで見慣れない言葉があるのは1と2である。

1の不貞というのは浮気のことだ。裁判所で浮気といえば、肉体関係、つまりセックスをしたかどうかが全てであり、いわゆるプラトニックな恋愛というのは全く不貞行為に当たらない。浮気か本気かというのもぜんぜん関係ない。問題となるのはセックスの有無だけだ。さらに裁判所が考える配偶者以外の相手とのセックスの罪にも濃淡があって、継続的にセックスをする相手がいた場合は文句なしに「不貞行為」になる。柔道で言えば「一本」だ。しかし旦那がソープランドに1回行ったとか、その程度のものでは離婚の理由となる不貞行為として認められる可能性は低い。柔道で言えば「有効」ぐらいは取れるかもしれないが。また、一時の迷いで旅先で一夜限りの関係を持ったなどというのは、ソープランドよりは罪が重いだろうが、それが離婚を認めるほどの不貞行為になるかどうかは、男女の別や裁判官の価値観によって意見が割れるところだろう。まあ、「技あり」ぐらいだ。そして、当たり前だが、不貞行為は密室の中で行われるので、証明するのは言うほど簡単ではない。ラブホテルに入って行くところの写真や浮気相手との多数の電子メールのコピーがあれば一本を取れるのだが、実際には、そこまで強力な証拠が出てくることはほとんどないだろう。

2の悪意の遺棄のほうは、夫婦は同居して、互いに協力し合わなければいけないのだが、家を出ていき、稼いでいる方なら生活費を渡さず、主婦なら家事も育児もしない、という意味だ。家庭を全く顧みない、というやつである。これも離婚理由になる。

さて、5の包括条項だが、この中で特に強力な離婚理由になるのは暴力である。後遺症が残るようなひどい暴力、継続的な暴力などは離婚理由になる。これはまた柔道でいえば「一本」だ。しかし、不貞行為にも罪の濃淡があるように、暴力行為も、夫婦喧嘩したときにちょっと取っ組み合って軽い怪我をした、ビンタされた、ぐらいならせいぜい「有効」だろう。継続的であったことを証明する複数の診断書や、暴力を止めるように何度も訴えた電子メールなどがあれば、とても有力な証拠となる。

離婚裁判という試合では、裁判官という審判の前で、性格の不一致とか、浮気を疑われる間接的な証拠、軽い怪我の診断書、出て行って長い間帰って来なかったこと、姑との不仲だとかといったことを寄せ集めて、合わせ技で、「有効」や「技あり」を積み重ね、判定勝ちに持ち込むことが目標になる。

しかし、これらの民法で定められる離婚事由は、奇妙なことだが、むしろ離婚しないためにも使われる。離婚騒動が裁判まで行って泥沼化するわけは、これまでに解説してきたように、一にも二にも婚姻費用にあるからだ。日本という先進国では、人は人にいっしょに住むことやセックスを強制することは決してできない。だから、究極的には、金銭の授受がないのなら、結婚しているかどうかは、ただ役所の書類の上だけの話であり、どっちでもいいのである。ある程度の婚姻費用を受け取っている奥さんは、婚姻期間をなるべく長引かせることこそが目的なので、自らに不貞行為などの非がないことを主張しつつ、相手の不貞行為を攻撃し、それでもなお再び円満な婚姻関係に戻りたいと訴えることになる。相手の不貞を証明すれば、相手は有責配偶者として認定されてしまい、有責配偶者からの離婚請求は認められにくいので、この状態を維持しておけば、婚姻費用を長期にわたって防衛できるからである。

有責主義から破綻主義へ

幸いなことに、最近の日本の裁判所では、実質的に破綻している夫婦であるならば、片方がどうしても離婚したいと言っているなら、離婚を認めてやろうじゃないか、という方向に進んでいる。これを破綻主義という。そして、たとえ有責配偶者（離婚の原因を作った方、ふつうは愛人を作った方のこと）からの離婚請求であっても、いくつかの条件を満たせば離婚が認められるようになってきている。

これらのことは結婚という金融商品の価値の評価に影響を与える。結婚というのはある種の債券の譲渡契約であることを、第1章で説明したわけだが、その債券の価値、つまり、離婚するときに所得が少ない方（通常は妻である）がもらえる金額は、以下の式で見積もられる。

結婚債券の価値 ＝ 離婚成立までの婚姻費用の総額 ＋ 離婚時の財産分与額 ＋ 慰謝料

ここで「離婚成立までの婚姻費用の総額」という項の価値は、どの程度離婚が認められ易いかで大きく変わってくるのだ。さて、まずはこうした破綻主義になってきた経緯について解説しよう。

最高裁は、昭和27年の判決（最判昭27・2・19民集6巻2号110頁）で、愛人を作った夫が離婚請求をしていた事件で、「もしかかる請求が是認されるならば、被上告人（妻）は全く俗にいう踏んだり蹴ったりである。法はかくの如き不徳義勝手気儘を許すものではない」として請求を棄却した。それ以来、有責配偶者からの離婚請求は許されないという判例理論が確立した。有責主義である。つまり、「離婚成立までの婚姻費用の総額」というのは青天井だったのだ。しかし、その35年後の昭和62年の最高裁（最判昭62年9月2日民集41巻6号1423頁）で、別居期間36年を経た74歳の夫から70歳の妻に繰り返しなされていた離婚裁判で、この夫婦の関係は実質的に破綻していて関係の修復の見込みがないとされ、有責配偶者からの離婚請求を認めるという画期的な判決が出たのだ。この判決以来、いわゆる有責主義から破綻主義への流れが生まれたわけである。

こうした破綻主義により、明らかな離婚理由がなかったり、あるいは有責配偶者からの離婚請求であっても、実質的に破綻している夫婦の場合は、離婚できるようになった。しかし、誰でも離婚が認められるわけではなく、次のような条件が満たされなければいけないとされた。

1. 夫婦の別居が両当事者の年齢及び同居期間との対比において相当の長期間に及んでいる
2. 未成熟の子が存在しない
3. 相手方配偶者が離婚により精神的・社会的・経済的に極めて苛酷な状態におかれる等離婚を認容することが著しく社会正義に反すると言えるような特段の事情が認められない

簡単に言うと、別居期間が長くて、未成年の（経済的に自立していない）子がおらず、離婚によって奥さんが生活ができなくなるなどということがなければ、愛人を作った夫からの離婚請求も認められるというわけだ。この別居期間というのがどれほど必要かというと、これは裁判官によってまちまちなのだが、最初の判例では30年以上だったのが、どんどん短期化され、20年、10年でも認められるようになってきており、最近では10年以下で認められるケースも出てきた。つまり、有責配偶者であっても、「離婚成立までの婚姻費用の総額」は10年分ぐらいになってきており、有責配偶者でない場合は5年分ぐらいで目処が立つようになったのだ。

しかし、破綻主義に傾いてきたとは言え、それは昭和の時代の判決から少しずつ変わってきているのであり、夫婦の愛情が破綻しているか確かめるための別居期間というのが、5年、10年単位だというのは、目まぐるしく変わるビジネスの世界と比べると、まったく別世界の話のように感じられる。

第3章　有名人の結婚と離婚に関するケーススタディ

プライバシーののぞき見は筆者の本意ではない

最初に述べておくと、筆者は芸能人のゴシップ話などに興味があるタイプではない。また、他人の恋愛や夫婦関係にこうあるべきだなどと口出しするようなこともない。個人主義、自由主義の考えを持っており、恋愛や家庭の問題などは他人がどうこう言うべきではないし、他人に迷惑をかけずに法律を守っているのならば、本人たちのやりたいようにやればいいと思っている。

しかし、国家権力が介入する結婚制度がどのように機能し、その強制力によって、夫婦間でどのような金銭の支払い義務が生じるのかには、法律と経済の問題として強い関心を持っている。多くの報道がなされる芸能人、著名人夫婦の離婚騒動は、実際に結婚と離婚の法律がどう動くのかを理解するためのケーススタディの良い材料を提供しており、本書で分析する対象にさせていただいた。当の本人たちは、こうした報道自体が不快なものであり、また、そうした報道に基づき本書でプライベートな問題を論じられるのも、もちろん、いい気分ではないだろう。そうしたことは重々承知しているが、現実の結婚と離婚に関する問題を、国民に知らせるという意義に免じて、どうかお許しいただきたい。

ダルビッシュ有投手と紗栄子さん

最初のケーススタディには、すこし昔の話であるが、米大リーグ、テキサス・レンジャーズのダルビッシュ有投手とタレントの紗栄子さんとの離婚劇を取り上げよう。離婚騒動が勃発してから、紗栄子さんが月々の生活費を１０００万円要求しているなどの報道で話題になった。筆者は、本当に１０００万円請求していたのか、ただマスコミが憶測で報道したのか、真実はもちろん知るところではない。とにかく、１カ月の生活費が１０００万円というのは、常識的に考えて破格のものと世間では受け取られていた。しかし、筆者はこの生活費は、とても適正な金額だと思った。なぜならば、結婚というのは金融商品の取引であり、ダルビッシュほどの人材ならば、この金融商品の月々のクーポンの支払い、すなわち婚姻費用はそれぐらいの金額になるのは明らかだったからだ。

２０１２年1月17日発売の週刊女性、同日付の日刊ゲンダイなどの記事によると、当初、月に１０００万円の生活費を請求していた紗栄子さんは、最終的には「慰謝料5億円、月々の養育費５００万円」で協議離婚を成立させたそうである。ここでいう慰謝料は、もちろん法律用語の慰謝料ではなく、離婚を成立するための解決金の総額のことである。

筆者はこれらの情報が正しいかどうかはまったく関知するところではないが、金融商品としての結婚を計算すると、この金額はかなり妥当な線だと言える。いや、むしろ紗栄子さんがかなり良心的だったとさえ思える。まず第一に紗栄子さんには幼い子供がふたりいる。そしてダルビッシュ投手が浮気をしていた可能性があり、当時、週刊誌等で報じられた不倫疑惑が裁判所で不貞行為の証拠として認められる可能性があった。実際に浮気が立証されるかどうかは別にしても、紗栄子さんが幼い子供を養育している、という事実がある以上、ダルビッシュ投手側から離婚裁判を起こしても、それが裁判所で認められる可能性はほぼゼロであった。

そうすると紗栄子さんとダルビッシュ投手はお互いに別居していても、法律上の婚姻関係は紗栄子さんが離婚に自発的に「合意」しない限り残ることになる。この場合の「婚姻費用」はいくらほどになるのだろうか？　『判例タイムズ1111号—簡易迅速な養育費等の算定を目指して—養育費・婚姻費用の算定方式と算定表の提案—』を参考にして計算してみよう。

まずダルビッシュ投手の当時の年収を推定しなければいけない。レンジャーズと6年5600万ドル＋出来高400万ドルの総額6000万ドルで契約した、と報じられていたので、当時のドル円レートを1ドル80円として計算しても、ざっと6年で48億円となり年俸は8億円程度だ。ここにCMなどの出演料が入るので、年収10億円は下らないだろう。それではダルビッシュ投手と紗栄子さんのケースでコンピ（婚姻費用）はいくらになるのだろうか。これらの情報から計算すると月々1400万円以上になる。かなり控え目に見積もってもダルビッシュ投手は月1400万円以上の支払い義務があったのであり、紗栄子さんの当初の月1000万円の生活費の要求は、なんら不当に高額なものではないことがわかろう。つまり、紗栄子さんが離婚に合意しないだけで、ほぼ自動的に毎月1400万円が振り込まれ続けることになり、これには税金もかからないのだ。これは年間1億7000万円程度であり、さらに離婚した時には、ふたりで蓄えた(=ダルビッシュ投手が稼いだ)共有財産の半分の権利が発生する。当時の新聞報道などによれば、この共有財産が5億円程度だったたという。紗栄子さんとしては10年離婚しないだけで、コンピだけで17億円と財産分与の5億円で、22億円も入ってくることになる。そして、最初に述べたように和解以外にダルビッシュ投手が離婚を成立させることはほぼ不可能なのだ。だから、紗栄子さんに離婚に合意してもらうためには、少なくとも20億円程度のパッケージを用意する必要がある。10億円程度のはした金で離婚しようといわれても、離婚しませんといって婚姻費用を搾り取り続けるだけの話なのだ。

それにもかかわらず、財産分与5億円+月500万円の養育費20年間という、たったの総額17億円にしかならない金額で紗栄子さんは和解したという。だから、仮にマスコミで流された情報が正しいとしたら、紗栄子さんは随分控えめな女性だ、というのが筆者の率直な感想なのである。

ところで、ダルビッシュ投手は、その後、女子レスリング選手の山本聖子さんと子供を作ったそうだ。とてもめでたい話である。

益若つばささん

日本国憲法第14条1項を読むと次のように書かれている。

すべての国民は、法の下に平等であつて、人種、信条、性別、社会的身分又は門地により、政治的、経済的又は社会的関係において、差別されない。

さらに、婚姻に関する男女の自由意志の尊重、両性の本質的平等に関しては、日本国憲法第24条にはっきりと書かれている。

1項　婚姻は、両性の合意のみに基いて成立し、夫婦が同等の権利を有することを基本として、相互の協力により、維持されなければならない。

2項　配偶者の選択、財産権、相続、住居の選定、離婚並びに婚姻及び家族に関するその他の事項に関しては、法律は、個人の尊厳と両性の本質的平等に立脚して、制定されなければならない。

法の下で男女は必ず平等でなければいけないのだ。性差別の禁止は、近代国家では最も基本的な法体系の原則である。つまり、金持ちの男（正確には高所得の男）と結婚した女が婚姻費用や財産分与などで数々の金銭的な利益があるならば、それはまったく平等に、金持ちの女と結婚した男にも同じものがなければおかしいのである。そして、日本は法治国家なので、当然そうなっている。

ここで人気モデルである益若つばささんのケースを見てみよう。益若つばささんは、読者モデルとして人気が爆発し、彼女が着用した服やアクセサリーは瞬く間に売れるなど、突出した経済効果を有することから『100億円ギャル』の異名をもって知られてきた。当然のこととして、彼女は一財産築くことになり、現在でもその人気は衰えていない。2007年に、男性モデルと結婚し、翌年に第一子となる長男を出産している。夫は、結婚後は仕事を減らし、表に出る仕事はしておらず、一般人として生活していたようだ。つまり、益若つばささんと彼の間には圧倒的な所得格差があったことになる。様々な経緯があり、2013年1月14日に、益若つばささん（当時27歳）は夫（当時30歳）と離婚したことを発表した。彼女が子供を引き取り、シングルマザーとしてモデル業などをがんばっていくとのことである。当然だが、法律は男女平等であるので、夫には益若つばささんが稼いだ莫大な金銭に対して半分の権利が発生するのである。なぜならば、夫の内助の功があったから、益若つばささんは稼げたのである、と法律的には解釈されるからだ。

真偽の程は定かではないが、女性週刊誌などの報道によれば、別れるに際して夫から億を超える金額を要求されたようである（女性自身　2013年1月15日付「益若つばさ　離婚夫『別れるなら金くれ』と〝億超え〟金額請求」）。最終的には、数千万円で決着がついたようだ（産経ニュース　2013年1月14日付「益若つばさ離婚成立、元夫・梅田に財産分与」）。また、法律的には子供を引き取る益若つばささんは夫に対して養育費を請求する権利があるが、それも請求しないとのことである。夫が払える養育費はおそらく月に数万円もなく、少なくとも数千万円以上の年収がある益若つばささんが、そんなものを請求しないのは当たり前である。

世間では「ヒモ亭主」などと呼ばれて批判されていた夫であるが、こうした権利の主張はまったく恥ずかしいことではないと思う。実際に、いまのご時世、離婚の際には、稼ぐ妻に夫が財産分与などの金銭を請求するのは当たり前になっている。男女平等が近代国家の法の精神であるので、当然のことであろう。

神田うの夫妻

「仮に」の話であるが、タレントであり実業家の神田うのさんと大手パチンコ・チェーン日拓グループの経営者である西村拓郎氏が離婚をしたらどうなるのかを考えてみよう。セレブリティとして注目を集めるうのさんは、ちょっとした夫婦喧嘩などがあると、すぐに夫婦の仲についてメディアで報道され、離婚の噂などが話題にされてしまう（たとえば、週刊文春　2012年12月27日号「夫の元愛人衝撃告白　神田うの『家庭崩壊』危機！」）。現在、夫婦は安泰であるので、あくまで架空の話である。

西村氏が経営する日拓グループは、売上高1745億円（2015年12月期）、社員1088名を抱え、都内を中心にパチンコ店を経営し、不動産事業も展開する企業体である。日拓グループは父親が一代で興したものであり、西村氏は日本有数の富裕層の家に生まれた御曹司であった。また、神田うのさん本人も事業家として成功しており、下着やウェディング・ドレスなどのブランドをプロデュースして大ヒットさせている。当然のように結婚生活は絢爛豪華なものであった。たとえば、2011年10月に生まれた長女の子育て用にと、六本木の高級マンションの最上階のいくつかの部屋を総額26億円ほどで購入したという報道がなされたこともある（週刊ポスト　2011年12月16日号「神田うの六本木マンション最上階4部屋を総額26億円で購入」）。

さて、この夫婦が離婚した場合は、これほどの大金持ちの夫から、し、た、た、か、な、うのは、巨額の慰謝料を取るだろう、という報道がなされていた。しかし、筆者の見立てでは、おそらく離婚した場合には、金を払うことになるのは神田うののほうではないかと思われるのだ。離婚で大きな金が動くのは、財産分与と婚姻費用であり、慰謝料などは誤差の範囲内の話なのである。そして、このような富裕層の離婚の場合、巨額になる可能性があるのは財産分与である。財産分与の考え方は極めてシンプルで、結婚してからふたりで作った共有財産を、離婚時に精算しようというものだ。最近の司法では、婚姻関係にあれば専業主婦でも、50％の寄与度が認められるのがふつうなので、精算というのは半々にすること、と考えてもらってさしつかえない。つまり、当たり前だが、結婚前に持っていた財産は関係ないのであり、結婚後に財産が増えていなければ、支払い義務も生じないのである。

筆者の勝手な推測だが、結婚してから、夫の西村氏本人の財産が増加したようには思えない。パチンコ業界は斜陽産業であり、結婚してから西村氏が大きく個人資産を増やした可能性は低いだろう。仮に、婚姻届提出時と現在で、西村氏の個人資産に変化がない、もしくは減っているとすれば、西村氏本人がどれほどの富豪でも、財産分与するべき財産は1円もない。彼のお父さんの財産などはますます関係ない。一方で、神田うのさんの事業は明らかに成功しており、かなりの金額を稼ぎだしていると言われている。当然だが、その利益の半分は夫の支えがあったから稼げたものだとみなされる。だとすれば、財産分与で金を払わなければいけないのは神田うのさんのほうである。

婚姻費用のほうだが、日本の所得税の最高税率は住民税と合わせて、50%、2015年より55%と世界の中で最高水準であり、西村氏のような資産家がわざわざこのような所得の形で会社から給料を受け取っているとは考えづらい。だとしたら、婚姻費用の支払い義務も事業家として成功している妻の神田うのさんのほうに生じることになろう。

結婚する前にすでに夫が持っていた財産に対しては妻の取り分はゼロであり、理論上は結婚後に資産が増えていなくて、夫より妻の所得が多ければ、どんな金持ちの男でも一銭も払わず、いやむしろ妻から金をもらって妻と別れることができるのだ。

似たような話を追記するが、大手パチンコ機器メーカーの京楽産業の社長と玉の輿婚をした女優の伊東美咲さんだが、2016年6月期の決算では営業利益が大幅な赤字に転落してしまった（日刊ゲンダイ　2016年12月13日付「伊東美咲　夫の会社が一転ピンチで芸能界に本格復帰も?」）。縁起でもない話だが、万一、伊東美咲さんが離婚する場合、やはり夫から一銭ももらえず、場合によっては彼女が支払う側に回ることもあるだろう。

世間では、女の人は金持ちの男と結婚して離婚したら、ものすごい「慰謝料」を取れると思われているのだが、必ずしもそうとは限らないのだ。まず、マスコミ等で語られる慰謝料という言葉が法律用語の慰謝料とは意味が違うということはさておき、西村氏のようなストック型の金持ちと離婚しても、妻は必ずしも金がもらえるわけではないのである。結婚制度でも税金でも、日本は自分で稼いでいる人に厳しいのだが、親から引き継いだりして、ストックで金を持っている人は、所得税も払わなくてもいいし、離婚しても金を取られないのだ。

高嶋政伸さんと美元さん

俳優の高嶋政伸さんと妻でモデルの美元さんの離婚劇は、当初は、ある程度の高額所得者の夫と専業主婦との間に起こりえる典型的なものであった。つまり、「コンピ地獄」である。しかし、この離婚係争は、政伸さんに非常に有利な方向に進むことになった。

まずは、離婚に至るまでの経緯をおさらいしよう。政伸さんと美元さんは2008年9月に結婚し、その1年11カ月後の2010年8月に政伸さんが自宅を出て別居している。その後はお決まりのコースである。美元さんが婚姻費用、通称「コンピ」を請求して、あとはなるべく離婚裁判を長引かせて、将来のコンピの総額を夫に買い取らせることによって自らの利益を最大化するのである。当時は美元さんが109万円の生活費を請求していることが週刊誌等で大きく報道され、どこからかリークされたその内訳に高額の美容代などが含まれていたことから、美元さんはマスコミ等から激しくバッシングされていた（週刊女性　2012年8月7日号「美元　政伸に突きつけた月109万円仰天使用明細」）。しかし、こうしたバッシングは美元さんの権利を不当に非難するものだと思われる。コンピがクーポンとして支払われる結婚という名の金融商品を手に入れた以上、そこから最大限の利益を得ようとするのは極めて合理的なことであり、法の精神に則ったものでもある。仮に、そういったことで妻が利益を得るのが社会通念上おかしいというならば、それは美元さんを責めるべきではなく、議会制民主主義の原理原則に従い、国会を通して法改正をするべきなのである。

今回の離婚裁判も、お互いに相手が暴力を振るった、愛人を作った、ストーカーをした、精神的におかしいなどと罵りあうという展開になった。ここで面白いのは、こうして相手をどこまでも罵倒するのだが、その狙いはお互いに正反対だということだ。つまり、政伸さんは美元さんが有責配偶者であり、それゆえに離婚できると主張していて、美元さんも政伸さんが極悪非道の有責配偶者であると主張しているのだが、こっちは逆にそれゆえに政伸さんからの離婚は法的に認めることはできずに、私はもう一度結婚生活をやり直したい、と主張するのである。もちろん、狙いは婚姻費用の支払い期間の最大化である。

筆者は当時、コンピを月100万円程度と考え、これの5年分の6000万円と財産分与の2000万円ぐらいで、約8000万円ぐらいの金額が動くのではないかとざっくりと読んでいたが、後に裁判で明らかになったが、実際はこれよりかなり少ない金額で落ち着くことになった。まず、コンピは月45万円であったようだ。このコンピから逆算できる政伸さんの年収は2500万円程度になろう。そして、離婚裁判は、政伸さんに非常に有利な方向に動いたのだ。

東京家裁で小林愛子裁判官は2012年11月9日に、原告の高嶋政伸さん側の主張を認め、「2人の関係は破綻しており修復不可能だ」として、離婚を命じる判決を言い渡したのだ。政伸さんのほぼ完勝であった。日本の司法が離婚裁判において、有責主義から破綻主義にアクセルをさらに踏み込んでいるという印象を与えた。美元さんは高裁で逆転する可能性があり、また、控訴すればその間はまだ離婚が決まったわけではないので、引き続きコンピの支払い義務が生じる。しかし、高裁は家裁の続審なので、通常は家裁の判決はそれなりの重みがある。第一審勝訴により、コンピ地獄がどれほど長く続くか、政伸さんの見通しははるかに明るくなったのだ。結局、美元さんは控訴のカードをちらつかせながら3000万円の解決金を要求し、結局、この3000万円からそれまでのコンピの総額の1280万円を差し引いた1720万円で和解を成立させたようだ（週刊女性　2012年12月18日号「美元　和解金『たった1720万円』で陥落したワケ」）。一審敗訴の結果を踏まえれば、美元さんは苦しい立場に立たされたわけで、この程度の金額で和解せざるを得なかったのだろう。

繰り返すが、当時は、政伸さん、美元さんが双方ともにお互いを罵りあう様子が報道されてバッシングを受けていたが（特に美元さん）、それらは離婚係争において、お互いに相手を有責配偶者にするための典型的な法廷戦略だ。よって、なんら人間性などには関係ないことなのである。

ところで、高嶋政伸さんは、2015年9月に再婚した。相手は、14歳年下の女医だそうだ（日刊スポーツ　2015年9月18日付「高嶋政伸14歳下女医と再婚　美元と離婚闘争から3年」）。同等のフロー所得を期待できる女医が相手なら、次はコンピ地獄に陥る心配もないだろう。とても賢明な選択だ。

矢口真里さんと中村昌也さん

これまでに何度か指摘してきたが、著名人が離婚した際にマスコミで報道される「慰謝料」と法律用語の慰謝料は意味が異なる。マスコミの報道で使われる慰謝料というのは、財産分与なども含めて、離婚の際に支払われる総額のことである。

一方で法律用語の慰謝料とは「不法行為によって被害者に与えた精神的な苦痛に対して、その賠償として支払われる金銭」のことである。本書で慰謝料と言えば、こちらの法律用語としての慰謝料を指している。

人は誰と恋愛しようと自由なのだが、結婚というのは肉体関係の排他的独占契約が内包されている金融商品なので、これに違反した場合は、違反した配偶者、または、結婚していると知っていて肉体関係を持った相手に対して、不法に肉体関係を持たれてしまった方（浮気された方）は慰謝料を請求できるのである。そして、この慰謝料の相場は、財産や所得に関係なく100万円や200万円といったものである。裁判官にものすごく嫌われて、最高に高くなっても500万円ぐらいだ。高額所得者の離婚では、将来の婚姻費用の前払いとしての解決金、財産分与などで数千万円以上の金額が動くことがふつうなので、こうした慰謝料は全体から見れば非常に小さいのだ。

それでは元モーニング娘。でバラエティ番組などで引っ張りダコだったタレントの矢口真里さん（当時30歳）と、俳優の中村昌也さん（当時27歳）の離婚について考えよう。このケースも女性の矢口真里さんが多額の金銭を支払うことになった。しかし、その内実は報道されているものとは異なる。

矢口真里さんは人気タレントとして数千万円以上の年収があり、一方で中村昌也さんは俳優としてまだ人気を確立しておらず、10倍以上の所得差があることから、当初から格差婚と呼ばれていた。また、結婚後も矢口真里さんは売れ続け、中村昌也さんは相変わらずであり、所得格差は拡がるばかりだったという。2013年5月21日発売の週刊女性が、矢口真里さんが男を自宅に連れ込んでいたときに、ロケを早く切り上げた中村昌也さんが帰宅し、不貞行為をしている現場に鉢合わせしたことを報じてから、ワイドショーなどで連日この浮気場面が報じられることになった。矢口真里さんは同年2月22日の飲み会で出会った男性モデルを自宅に連れ帰り、肉体関係を持ち、そこに、翌23日朝、ドラマの地方ロケを予定より早く終えて帰宅した中村昌也さんが寝室で鉢合わせし修羅場になったとのことである。乱れたベッドとクローゼットに隠れた裸の男を中村昌也さんは見つけて、咄嗟に携帯電話で証拠写真まで撮ったそうである（週刊文春　2013年6月6日号「矢口真里は全裸で　男はクローゼットへ逃げ込んだ　不倫現場の爆弾証言」）。その後、夫婦は別居生活を経て、同年5月30日に矢口真里さんは離婚が成立したことを発表した。離婚に際する慰謝料として1000万円程度が支払われたそうである（女性自身　2013年6月18日号「矢口真里　年下夫へ慰謝料1千万円　妻の不倫→離婚　激増中！」）。

マスコミでは、ある意味で非常に絵になった浮気現場や、女性である矢口真里さんが浮気をしたという貞操観念の無さについて盛んに報道された。離婚に際しては、当然、その報いとしての「慰謝料」の支払い、ということになっているのだが、浮気は金銭的な問題から見れば重要ではない。これほどの所得があれば、矢口真里さんは結婚後にもかなりの財産を築いたはずである。一方で、中村昌也さんは、ほとんど貯金できなかったと想像できる。矢口夫婦の場合は、2011年5月22日に婚姻届を提出し、別居に至る2013年2月頃までの2年弱の期間に蓄えられた財産が共有財産となる。矢口真里さんがこれだけの金額を稼げたのも、当然であるが中村昌也さんの内助の功のおかげだと法律的には解釈され、その半分は夫である中村昌也さんのものである。これを財産分与として当然請求する権利がある。この財産分与の金額は、慰謝料とは桁が違うので、今回の離婚に関しては、矢口真里さんが浮気をした、中村昌也さんが浮気をされた、という事実はあまり関係ないのである。

さて、婚姻費用のほうであるが、こちらは面白い観点である。通常、高額所得者が離婚する場合、婚姻費用を支払う側が、将来の婚姻費用も前払いする形で、多額の金銭を支払うのが普通である。しかし、矢口真里さんは浮気報道の後に芸能活動を自粛しており、所得はほぼゼロになっている。こうなると婚姻費用もゼロになる。離婚係争が長引くのは、片方が婚姻費用という形で、長引かせた方が経済的に利する構造にあるのだが、こうして所得をゼロにして、婚姻費用の源泉を断ち切ることによって、離婚係争を終結させる戦略も考えられる。

敵対的買収をしかけられたときに、経営者が自社の重要な資産や収益性の高い事業を第三者に譲渡したり、分社化したりすることによって、企業価値を大きく下げて、買収者の買収意欲を大きく削ぐことを目的とする戦略を「焦土作戦」というが、いわば自らの所得をゼロにするのは、離婚係争の究極の焦土作戦なのである。肉を切らせて骨を断つ、とも言えるが、おそらくは意図せずして、矢口真里さんはこのような焦土作戦を展開したことになる。結果として、中村昌也さんに対する支払いは、それほど高額にならなかった。

世間では、矢口真里さんの浮気を批判する声ばかりが聞かれたが、アイドルとつきあい、別れるときにこんな大金をもらえた中村昌也さんはずいぶんと得をしたのではないだろうか。

サイバーエージェント藤田CEOと奥菜恵さん

前にも述べたが、起業家にとって奥さんとは実に恐ろしい存在である。サイバーエージェント社長の藤田晋氏が、奥菜恵さんと離婚したときに、奥菜恵さん（の弁護士）が10億円を請求しているとして話題になった（女性セブン　2007年12月6日号「奥菜恵が藤田社長に対して10億円の財産分与を要求」）。やはり、世間では、この法外な奥菜恵さん側の請求に対して批判が巻き起こった。しかし、この10億円の請求自体は正当なものだ。仮に筆者が奥菜恵さん側の弁護士だったとしたら、当然これぐらいの金額は請求していたでであろう。

法的根拠は極めて明白だ。結婚当時の藤田氏の財産はサイバーエージェント株の自分の持ち分が少なくとも250億円程度あった。婚姻していた1年半の間にサイバーエージェント株の値上がりなどで、この財産が270億円程度に増えた。サイバーエージェント株の値上がりの少なくとも半分は、奥菜恵さんの「内助の功」のおかげなので、藤田氏の財産のうちで結婚後に増えた20億円の半分の10億円は奥菜恵さんのものである。だから奥菜恵さんが10億円を要求するのは当たり前なのである。

もちろん、株式のような流動的な資産の評価額をどうするか、そして奥菜恵さんの貢献の割合はどれほどかは裁判官の判断に委ねられるから、必ずしも奥菜恵さんの言い値が通るわけではないが、少なくともこの程度の金額を最初に請求していくことは、法廷戦略としては妥当な判断である。

スポーツ選手や俳優の離婚にまつわる巨額の支払い金額はよく話題になるが、離婚が本当に恐ろしいのは、実は起業家なのである。創業する前に結婚して、会社がとうとう上場し、そして離婚、ということになると、夫の持ち株の半分がいきなり奥さんのものになるのだ。これはハゲタカ・ファンドどころの騒ぎではない。

ハゲタカ・ファンドは株を買い占める時に、その分の現金を置いていくが、奥さんはなんの支払いもなしにいきなり株の半分を持っていくのである。しかも、離婚騒動になっているということは、夫のことを破滅させてやりたい、ぐらいに思っていたりするのだ。筆者はベンチャー・キャピタルが投資をするときに、ビジネス・モデルや経営者の資質を厳しく審査するのに、なぜ奥さんとの関係のデューデリジェンス（収益性やリスクなどを総合的かつ詳細に調査すること）を入念に行わないのか、不思議でしょうがない。奥さんは企業の資本政策において、極めて重大なリスク要因となりうるのだ。

日本を代表する起業家である藤田氏は、その後も順調に事業を拡大し、また、素晴らしい女性と再婚したようだ。


マーク・ザッカーバーグとプリシラ・チャン

さらに、海外のケースを取り上げよう。FacebookのＣＥＯであるマーク・ザッカーバーグである。２０１２年5月18日にFacebookが株式公開し、その直後の19日に、学生時代から交際していた中国系アメリカ人のプリシラ・チャンさんとの結婚を発表し、式を挙げた（Forbes.com　２０１２年5月20日付「フェイスブックＣＥＯ夫人は玉の輿か」）。

アメリカの結婚と離婚の法律は州によって微妙に違い、さらに、アメリカでは婚前契約が日本よりも発達しているなどの違いがあるが、そもそも日本の結婚や離婚に関する法律は、西洋から輸入されたものであるから、欧米先進国と日本で、これらの法律はそれほど変わるものではない。日本では昭和初期までは妾などはありふれていた。キリスト教的な厳格な一夫一妻制が正しい夫婦関係のあり方だとされたのは、日本の近代化に伴い、西洋から輸入された結婚や離婚の法律が大きく関係していると思われる。

それではザッカーバーグは、なぜ株式公開直後に結婚したのだろうか？　筆者は、これは絶妙なタイミングだと思う。ザッカーバーグの背後のリーガル・チームの優秀さを垣間見る思いがした。ザッカーバーグは結婚していないのだから、何の潜在的な支払い義務も発生しない一番いい状況ではないか、と思われるかもしれないが、そう話は単純ではない。仮に男女の仲違いが生じた場合に、プリシラ・チャンの弁護団は、たまたま婚姻届を提出していなかっただけで「実質的な」婚姻状態だった、と間違いなく主張してくるはずだ。俗にいう「内縁の妻」である。日本は、非嫡出子の相続差別などの前時代的な法律がつい最近まで残っていたような国だから、形式的な結婚制度というものを大切にしているが、欧米では、事実婚においての女側の権利を認める傾向が日本より強い。

18日（金曜日）、Facebook株は38・23ドルで取引を終え、時価総額は当時の為替レートで8兆2000億円ほどで、このうちの2兆円がザッカーバーグの持分だった。ザッカーバーグは世界の富豪番付で26位になった。もし事実婚が認定されるとすると、プリシラはFacebook創業前から付き合っているので、この2兆円のうちの半分が丸々プリシラのものだと判定される可能性がある。もし、離婚をめぐる法廷闘争になれば、2兆円の半分の1兆円と、事実婚が認定されない場合の0円の間で、プリシラの持分がどこになるのかをめぐって、双方が、数百人単位の弁護士、探偵、調査スタッフからなるチームを編成し、壮絶な法廷闘争になることが容易に想像できる。さらにプリシラは中国系である。マークとプリシラの法廷闘争は——仮にそれが起こったとするならば——アメリカと中国という世界の二大超大国の外交上の極めて重大な問題にも発展するリスクを内包していた。

このように、プリシラの事実婚状態は、Facebookの株主のみならず、金融市場全体、さらに世界の二大超大国のパワーバランスをめぐる、極めて重大なリスク要因であった。

そして、ザッカーバーグのリーガル・チームはこれを、プリシラの機嫌を損ねる事無く解決したのである。株式公開直後に正式に結婚することにより、どの時点で事実婚がはじまったか、つまり財産分与における共有財産の形成がスタートしたポイントは、いったいいつなのか、という潜在的に発生しうる終わりなき論争に、最初から終止符を打つことを狙ったのだ。株式公開直後のザッカーバーグの資産がスタート地点になり、ここからの財産の増加分だけが、潜在的に夫婦で二等分される共有財産だ、という力強く明確な証拠を作ったのである。事実婚が完全に認められるケースだと、ザッカーバーグにいきなり1兆円の支払い義務が生じるので、これはザッカーバーグにとって有利な条件だろう。

ふつうは金持ちが結婚をすると大変な財政的リスクを背負うことになるが、ザッカーバーグはむしろ結婚することによりそのリスクを最小化したのである。

紗栄子さんとZOZOTOWN前澤社長

ダルビッシュ投手の元妻の紗栄子さんが、またもや世界的な富豪と交際しているそうだ(女性セブン　2015年11月5日号「紗栄子　新恋人は事実婚女性2人と子供3人　結婚しない男」)。

次のお相手は、ファッション通販サービスZOZOTOWNなどを運営する前澤友作社長である。前澤氏は、日本を代表する経営者で、フォーブスが発表する世界長者番付の常連で、2015年は日本で23位となり、保有資産は2000億円ほどとなっている。ダルビッシュはただのプロ野球選手ではない。プロ野球選手の中でも飛び抜けた才能を持っている、世界トップレベルのプレイヤーであり、それゆえに報酬も世界レベルだった。そして、前澤さんも、ただの成功した金持ちの経営者ではない。こちらも世界レベルの日本を代表する経営者なのだ。ふたりとも100万人にひとりいるかどうかの逸材である。今回の交際は、彼女がダルビッシュと結婚できたことはただの運ではなかったことを、世間に示したと言えるだろう。

ところで、前澤氏は、2人の事実婚中の女性との間に計3人の子供がいるそうだ。世間では「結婚しない男」だとも言われている。法律上の結婚をしてくれないのなら、ダルビッシュのときのような巨額のコンピを請求することは難しいだろうが、これだけの富豪が相手であるならば、たとえコンピがなくても、その辺の男とはそれこそ桁がいくつも違う経済的な恩恵を受けることは間違いないだろう。何とも羨ましい話である。

川谷絵音さんとベッキーさん

人気バンド「ゲスの極み乙女。」のボーカルである川谷絵音さんと、当時、女性タレントとして人気絶頂だったベッキーさんとの不倫は、連日連夜テレビで報道された。発端となったのは、週刊文春2016年1月14日号のスクープ記事である。そこには、ベッキーさんと既婚者であった川谷絵音さんとのＬＩＮＥでの会話が掲載されていた。このＬＩＮＥの写真は、ベッキーさんが離婚を迫り、ふたりの間で離婚届のことを「卒論」と隠語で呼び、それを提出できる日が来ることをふたりで待ちわびているという、生々しいものだった。それが、どういう経緯で漏れたのかは、いまだに謎だが、とにかく国民的なタレントのベッキーさんが不倫をしているということが、白日の下に晒されてしまったのだ。後に、川谷さんは自身のブログで「文春さんで報じられたＬＩＮＥの内容は全て本物です。かつベッキーさんと友達関係だと最初のＦＡＸでお伝えしましたが、あれは嘘であり、恋愛関係にありました」と認めている。

そして、川谷さんは、自身のブログで、バンドが売れる前から支えてくれていた妻と離婚したことも報告している（絵音のかわた日記　２０１６年5月9日付）。典型的な、糟糠《そうこう》の妻を捨てたケースとなってしまった。こうした状況に、世間は川谷氏の元妻に同情的だ。しかし、本当にそうだろうか？

夫が成功してから捨てられる糟糠の妻は、見方によっては、結婚で最大の価値を得ることになるのだ。それは誰も見向きもしないベンチャー企業に投資し、その企業が見事に上場してから売り抜けるというのと同じである。「魅力がすごいよ」「両成敗」などのアルバムがヒットし、ベッキーさんとの不倫が発覚するすぐ前には紅白歌合戦への出場も果たしている。押しも押されもせぬメジャーバンドに成り上がったのだ。

仮に婚姻届を提出したのが売れる前だとしたら、この間に川谷さんが蓄財した分のそっくり半分が財産分与で支払われることになる。さらに、婚姻費用も多額になるので、その数年分も上乗せされる。旦那の不倫相手が大物タレントなら、その分の慰謝料を取りはぐれることもないだろう。財産分与、婚姻費用の前払い、慰謝料、すべてが最高水準であり、まともな弁護士が付いていたとしたら、かなりの金が手に入ったはずなのだ。ベンチャー・キャピタルなら、見事なエグジットを果たしたことになる。

むしろ良い投資とは言えないのは、旦那の絶頂期に略奪愛を成功させる新しい奥さんのほうである。なぜならば、そこがピークならば、財産分与は期待できないし、財産を取り崩して生活するなら、婚姻費用も最小限になってしまう。そのまま落ちぶれて離婚となれば、女性側が一円ももらえないどころか、払う側に回る可能性さえある。法律は、貧しいときから一緒に苦労を重ねてきた奥さんの利益をしっかりと守っているのだ。捨てられる糟糠の妻は、ある意味で、勝者なのである。

ジョニー・デップとアンバー・ハード

この本を執筆中に、ハリウッドのスーパースターであるジョニー・デップの離婚騒動のニュースが入ってきた。そして、やはりコンピを巡る攻防に発展している。23歳年下のアンバー・ハードと結婚したジョニーであるが、結婚後わずか15カ月で破局を迎えた。そして、案の定、妻側は「暴力を振るわれていた」などと主張した。そして、警察への家庭内暴力での告訴を検討すると発表し、裁判所に接近禁止命令を申請するなど、敏腕弁護士とともに有利な離婚に向けて動き出したのだ（ロイター　2016年5月27日付「裁判所がジョニー・デップに接近禁止命令　妻アンバー・ハードが『日常的なDV』を主張」）。

しかし、ジョニーの周りの人たちは、彼がそのような暴力を振るう人物ではないと次々と声を上げた。たとえば、ジョニーの元パートナーであるフランス人歌手のヴァネッサ・パラディは「ジョニー・デップは私の2人の子供の父で、敏感で、愛情深くて、愛される人です。私は心から最近の申し立ては侮辱的だと信じています。私がジョニーを知ってきた長年の中で、彼が私に肉体的に虐待したことはありませんし、この主張は私が素晴らしい14年間を一緒に暮らした男性だとは思えません」と声明を発表した。じつの娘でありファッション・モデルのリリー・ローズも、父が暴力を振るうような人物ではないとコメントした（ハリウッドニュース　2016年5月30日付「ジョニー・デップの元パートナーのヴァネッサと娘リリー・ローズ、DVの報道に『愛情深い人』と反論」）。他の映画関係者も、次々とジョニーを擁護している。また、離婚騒動の直前に、アンバーが家庭内暴力で警察に通報したが、その際には何の証拠も見つからなかったこと、さらに、アンバー自身が過去に傷害事件で逮捕されていることも明らかになった（ELLEオンライン　2016年6月9日付「アンバー・ハード、過去にDVで逮捕されていた！」）。

そして、そんなに酷い旦那なら、早く別れればいいのに、と思うのだが、やはりアンバーは月に約5万ドル（当時のレートで約550万円）の〝spousal support〟（婚姻費用）を請求したのだ。こうしてコンピ地獄にハメてから、壮絶な法廷闘争がはじまるのは日米共通だ。

結婚当時、ジョニーは「絶対に離婚はしないから大丈夫さ」とアメリカの富裕層の常識である婚前契約書を交わしていなかったので、財産分与はかなり高額になりそうだった。今回のケースでは、夫妻はカリフォルニア州法に則り裁かれることになる。そして、財産分与に関する考え方は日本と同じである。この15カ月の間にジョニーが増やした財産の半分がアンバーのものになる。報道によると「パイレーツ・オブ・カリビアン」や「アリス・イン・ワンダーランド」などに出演したジョニーは、この短期間の結婚生活の間にギャラだけで110億円を稼いでいた。ここから税金などの分を考慮しなければいけないが、残った金額の半分近くがアンバーのものになるとささやかれていた（女性自身　2016年6月8日付「ジョニー・デップが雇った最強弁護士　顧客は10億円超限定」）。アンバー側も当然のように凄腕弁護士を雇っているので、取れるだけの金額を取りにくるだろう。

しかし、ちょうどこの原稿を書いているときに、意外にもアンバーは約7億円というかなり安い金額で和解したとのニュースが流れた。さらに、アンバーは「金が目当てで結婚したわけではない」と言い、そのすべてを小児病院などに寄付すると約束したのだ。メディアではあまりにも安い金額に、じつは裏取引があるのではないかという憶測が流れたが、ひとまずこれにて一件落着、と思われた。

ところが、話はそこで終わらなかったのだ。ジョニーは、7億円をアンバーに直接払わずに、アンバーが寄付すると約束していた団体に直接振り込んでしまったのだ。これに、アンバー側が猛抗議し、ふたたび法廷闘争にもつれこむことになってしまった（サイゾーウーマン　2016年8月26日付「妻が寄付するといっていた離婚示談金をジョニー・デップが直接団体に送ったところ、妻側が猛抗議！」）。

この先、どうなるかはわからないが、筆者は海の向こうで戦っているふたりに声援を送りたい。そして、また、面白い映画を見せてほしい、と思う。

ファンキー加藤さんのW不倫

この章は、かつては愛し合ったはずの男女がお互いに弁護士を使って全力で金を奪い合うという、なんとも気の滅入る話が多かったかもしれない。最後は、ほのぼのとするすこしだけ明るい話題で締めくくろう。元ファンキー・モンキー・ベイビーズのボーカルのファンキー加藤さんが、お笑いコンビのアンタッチャブルの柴田英嗣さんの奥さんとW不倫の末に、彼女が離婚し、妊娠したという話である（週刊女性　2016年6月7日号「ファンキー加藤、アンタ柴田の妻とW不倫！　デキたベイビーを認知へ」）。

加藤さんは、妻子がおり、良きパパとして人気があった。そのためか「ありがとう」「大切」などのヒット曲は、結婚式で歌われる定番ソングになっていた。そんな加藤さんがW不倫をしており、しかも相手の女性を妊娠させてしまったのだ。加藤さんとの不倫がきっかけとなって、この女性は離婚している。これでは加藤さんのイメージダウンも避けられないと思われた。

しかし、その後の加藤さんの対応がとても清々しかったのだ。週刊誌等で報じられたこうした疑惑について、すべて事実だと認め、生まれてくる子供についてもすでに認知した、と堂々と述べたのだ（産経ニュース　2016年6月7日付「ファンキー加藤、アンタ柴田の元妻とダブル不倫　会見で『全て事実です。子供も認知』と認める」）。当初は加藤さんの妻も困惑したが、結婚生活は続けるとのことだ。また、不倫相手に関しては、1億円近くの養育費を支払うようである。加藤さんほどの成功者だと、婚外子を産む女性は、養育費だけで多額の金銭を受け取ることができる。結果的には、加藤さんは多くの人を幸せにしたのかもしれない。

このような誠実な彼の態度に多くの人々が感心し、加藤さんはすぐに芸能活動を再開することができた。芸能界から干されてしまったタレントのベッキーさんとは対照的である。Ｗ不倫が発覚してすぐに行われた主演映画のあいさつでは、劇中で元恋人役を演じた女優の平愛梨さんが「元カレがお騒がせしました」と一緒に頭を下げ、爆笑を誘った（サンケイスポーツ　２０１６年６月12日付「ファンキー加藤と頭下げた！平愛梨『元カレがお騒がせしました』」）。

加藤さんには、今後も子育てをがんばり、子供たち全員を幸せにしてもらいたい、と筆者も願っている。

往々にしてマスコミのゴシップ報道はデタラメである

本章では、不遜ながらも、著名人たちの離婚騒動に関する報道をケーススタディとして使わせていただいた。冒頭で述べた通り、筆者自身は他人のプライバシーで金を稼ぐようなこうしたメディアには、いつも眉をひそめているし、一度も感心したことがない。実際に、極力、そうした下品な週刊誌などは、買わないようにしている。

さらに、最後にもうひとつ大切なことを書いておきたい。筆者が親しくさせていただいている知人の中には、過去にマスコミを騒がせたような人が何人かいる。そのたびに、いつも驚く。マスコミで報道されている内容と、実際に起こったことは多くの場合ぜんぜん違うのだ。マスコミは断片的な情報で、大衆の興味を引くようなセンセーショナルなストーリーを作り上げてしまう。それらはときにデタラメだ。むしろ、真実がそのまま報道されることのほうが稀である。よって、この章に書かれていることが真実であるとは筆者はまったく思っていない。

ただ、ゴシップ報道がデタラメだとしても、そのいわばマスコミが創りだしたフィクションをもとに、結婚と離婚に関するさまざまな問題点を議論することが、読者の理解を促すためにとても有益であることには変わりない。ゴシップ報道自体は、おそらく実態とかけ離れているものだということは、本章の最後に強調しておきたい。

第４章　結婚相手の選び方は株式投資と同じ

結婚はゼロサムゲーム

これまでは、主に所得が高い男性の結婚に対するリスクを明らかにしながら、結婚という金融商品の性質を解説してきた。金融市場におけるマネーゲームというのは多分にゼロサムゲーム的であり、誰かの利益は誰かの損失から来ている。オプションや先物などのデリバティブ商品に関していえば、一つひとつの取引は完全にゼロサムゲームであり、満期に、最初に定められた条件にしたがって、契約をした二者のどちらかがもう片方に金銭を支払うのだ。つまり、自分の損失（利益）が相手の利益（損失）になる。

恋愛というゲームは、金融市場のマネーゲームと違い、ふたりでプレイしてふたりとも勝てるゲームではあるが、結婚の金融商品としての側面に限れば、それは多分にデリバティブ商品に相似している。つまり、これまでに見てきた金持ち男性側のリスク、損失は、逆に言えば、そうした男性と結婚する女性側のリターン、利益に他ならないわけだ。もちろん、近代国家の法律は男女平等が絶対的な原則なので、いくつかのケーススタディで見てきたように、金持ちの女性と結婚する男性も、同じだけの利益を得られることになる。

この章では、主に女性から見た結婚相手の選び方を解説するが、それは男性にとっても参考になることだろう。

ストックよりもフロー

結婚と離婚でどのように金が動くのかを理解すれば、女性はどういう男性を結婚相手として選ぶべきか、少なくとも狙うべきか、ということが見えてくる。まず、多くの女性が誤解しているのだが、文字通りの金持ちと結婚しても、それ自体では法的にしっかりと守られる利益は手に入らない。これは重要なポイントなので、くわしく解説していこう。

離婚によって動く大きな金は、婚姻費用と財産分与であり、これは結婚してから稼ぎ出された金額に基づくものなので、当たり前だが、結婚する前にすでにあった財産は関係ないのだ。もちろん、遺産相続まで考えれば意味はあるのだが、現代の遺産相続は80歳を過ぎた親から、60歳を過ぎた子供に相続されるようなもので、気の遠くなる話である。実際に、金融工学によれば、何十年も先の1億円の価値は、金利やリスクで割り引かないといけないので、その価値を大きく減らすことが知られている。つまり、結婚ではストックよりもフローを見なければいけないのだ。

株式投資と同じで、これからどれだけのフリーキャッシュフロー（株主が自由にできる現金。結婚でいえば、配偶者の取り分が法的に守られている金）を生み出すのか、が投資する価値があるかどうかを決定する最も重要な指標なのである。誤解のないように言っておくと、稼ぎの悪い男同士を比べた場合、当然だが、貯金がない無職の男よりは、貯金がある無職の男のほうがいいだろう。また、親まで貧乏な場合より、親は金持ちの場合のほうが、何かと経済的なメリットは多いだろう。ただ、親の金は結婚によって影響を受けないので、婚姻費用や財産分与といった結婚による権利が発生しないのだ。法律を見る限り、ボンボンとの結婚は意外と美味《おい》しくないのである。

スポーツ選手もボンボンも美味しくない

本人が昔稼いだ金に関しては、結婚では動かないということを理解すると、たとえば、若いころに大きな金額を稼いで、そろそろ引退しようと考えているスポーツ選手と結婚しても、儲からないことがわかる。結婚する前に持っていた金は、財産分与の対象にはならないからだ。

極端な例を挙げよう。若いころに億単位で稼いで蓄財し引退して無職になった元スポーツ選手と、年収400万円のOLが結婚するとどうなるかというと、なんと法律的には、婚姻費用を払ったり、離婚する際に財産分与を行うのはOLのほうになるのだ。なぜなら婚姻費用は所得で決まり、元スポーツ選手の所得はゼロでOLの所得は400万円なので、別居などをした場合に、妻は夫に月に数万円の婚姻費用を払う必要があるからだ。さらに、結婚後に形成された共有財産を離婚時には分割する必要があり、結婚後にOLがせっせと貯金していた場合に、その半分を元スポーツ選手に支払う必要がある。元スポーツ選手は所得がゼロだったので、共有財産への貢献がないからだ。

逆に言えば、スポーツ選手は、大金を稼ぎきって自分がピークのときに結婚を前提に女性と交際するのはとても賢明だ。当たり前だが、実績と財産を築き、まだ選手としても活躍しているような時期が一番モテるだろう。一般的には、自分が一番羽振りがいいときに寄ってくる女は金が目当てなどと言われている。しかし、結婚するまでに稼いだ金は、妻のものにならない、というごく当たり前のことを思い出せば、人生ピークのときこそ結婚するいいタイミングなのだ。その後は、預金を取り崩したりしながら、趣味の延長でレストランを経営したり、好きなことについてエッセイを書いたりして、楽しみ程度に稼いで生活していけばいいのだ。こうすれば、自分の金を一切相手に取られなくてすむ。また、女性は、籍を入れるという行為そのものに大変な満足感を得ることができるので、まさにウィン・ウィンの関係を築くことができる。

この原稿を書いているときに、爽やかなルックス、そして、もちろんサッカー選手としての実力でも大人気の日本代表の長谷部誠選手が、ファッションモデルとして大人気の佐藤ありささんと結婚するとのニュースが伝わってきた（佐藤ありさ公式ブログ　2016年7月9日付「ご報告」）。長谷部選手はサッカー選手としての報酬、そして、多くのCMや書籍などで、莫大な財産を築いてきた。すでに稼いだ金は、結婚によって影響を受けない。彼は、フィールドの上だけではなく、人生においてもクレバーな男だと思う。もちろん、彼ほどの才能があれば、サッカー選手を引退した後にも稼ぎ続けるだろうから、佐藤ありささんも、素晴らしい相手を選んだと思う。筆者は、まばゆいばかりのビッグカップルの誕生を心から祝福したいと思う。

すでに述べたように、親が億万長者である無職のボンボンと、年収300万円のOLが結婚した場合、旦那が愛人を作って出て行った場合に、毎月、婚姻費用を支払わなければいけないのは、OLである。離婚するときに財産分与を支払わなければいけないのも、OLのほうなのだ。もっとも、いざ裁判になったら、裁判官はそうした金を旦那が受け取れないよう、和解するようにプレッシャーをかけ続けるだろうが、婚姻費用や財産分与の法律をそのまま適用すると、そういうことになるのだ。

安定した将来キャッシュフローが重要

何度も指摘している通り、婚姻費用は持っている財産でなくフローの所得により決まる。財産分与は結婚後に蓄えられた財産(=共有財産)を夫婦で分割することである。結婚と離婚で動く大きな金はこのふたつであり、浮気が発覚した場合に支払わなければいけない慰謝料などは取るに足らない金額なのだ。もっとも、浮気は離婚が認められる不貞行為になるので、その点に関しては重要な意味を持つのであるが。

しかし、中世ヨーロッパを舞台にする文学作品や映画、日本の時代劇などでは、結婚というのは家と家がくっつくものであり、そこでは家の資産や身分が男女の愛憎劇に大きな影響を与えている。そのせいか、結婚によって、もともとある相手の財産があたかも自分のものになるかのように錯覚し、玉の輿、あるいは逆玉ができるように思い込んでいる男女は多いのだが、それは間違いなのだ。

近代国家の法律は、全ての人は法の下で平等であり、戦前に見られたような華族や貴族のような身分を完全に否定している。男女の性差別も当然のように禁止である。結婚というのは、あくまで個人と個人のものなのであり、現代の先進国の法律に「家」という概念は存在しない。よって、先ほどの極端な例だと、年収300万円のOLが、親が大金持ちだが無職の男性と結婚した場合に、離婚すると、金を払わなければいけないのは妻のほうであり、金を受け取るのは夫のほうなのだ。結婚前にすでにあった財産は関係ないからだ。

男選びは、一にも二にもフローなのであり、株式投資と同じように将来キャッシュフローの予測が極めて重要なのだ。それでは、具体的にどういう男性を狙うのが、女性にとって賢明なのか考えよう。世界一の株式投資家であるウォーレン・バフェットも銘柄選択では将来の安定したキャッシュフローを最も重視しており、女が男を選ぶときも株式投資と同じなのだ。

優良銘柄は大企業の正社員、弁護士、医師

キャッシュフローの安定性を考えると、大企業の正社員、公務員、会計士、弁護士、医師などの安定した職業の男は、とてもお買い得だといえる。将来にわたって安定したキャッシュフローが見込めて、万が一に離婚騒動になったとしても、婚姻費用、養育費などの取りはぐれも起こらないだろう。

キャッシュフローと一言でいっても、そのキャッシュフローの質も重要なのだ。それは株式投資をしている者にとっては自明ではあるのだが、同じ年収1000万円でも、大企業のサラリーマンと、違法か合法かの間にあるような性風俗店の店長の1000万円では大きく意味合いが違ってくる。

第2章で解説したように、いざとなったら、裁判所が婚姻費用などの支払い命令を書いてくれる。しかし、我が国の司法がやってくれるのは紙切れを書くことだけで、実際の取り立てはやってくれないのだ。相手の男が大企業のサラリーマンだったら、この紙

切れは絶対的な力を持つ。給料を差し押さえられるからだ。しかし、旦那が違法風俗店の店長だったとしたら、そんな紙切れで本当に金が取れるかどうかは大いに疑問だ。医師や弁護士なども、こうした裁判所の紙切れを無視するわけにはいかないので、やはり取りはぐれることはないだろう。こうした堅い職業の男たちは、伝統的には結婚相手としては非常に人気があるのだが、それには理由があるのだ。

反対に、お勧めできないのはスポーツ選手やお笑い芸人のように、若いときに当たれば稼げるかもしれないが、将来のキャッシュフローが不安定で尻すぼみになってしまう男性たちだろう。まず、彼らが若いときに稼いだ金は、それが結婚する前に稼いだものであれば、妻のものにはならない。さらに、将来のキャッシュフローがなくなれば、婚姻費用や財産分与などの金を払うのは妻だ。過去の栄光にすがって、毎日家で寝転がっている男を養い続けるのは、女の人生にとってそれほど有意義なことだとは言えない。

もっとも、一握りの一流のスポーツ選手やお笑い芸人は、それこそ億単位の金を稼ぎ続ける。こうした一流の男の伴侶になることができれば、桁外れの金銭的な利益が妻にももたらされる。しかし、二流のスポーツ選手やお笑い芸人ならば、手堅いサラリーマンの方がかなり得だといえる。

スポーツ選手も芸能人も、そして、作家も、一流になれるのはほんの一握りだ。

起業家はハイリスク・ハイリターン

ハイリスク・ハイリターンの男性はなんといっても起業家だろう。仮に、創業期からつきあいはじめて、会社が小さいころに結婚し、その後に旦那ががんばり上場するようなことがあれば、妻には10億円単位の金が転がり込んでくることになる。

株式投資では、創業間もない未上場株に投資するベンチャー・キャピタルはハイリスク・ハイリターンであると言われるが、女性にも旦那の会社の将来性を見抜くベンチャー投資家のような目利きが必要なのだろう。しかし、ベンチャー・キャピタルは10社に投資して、1社でも上手くいけば御の字なのだが、いくらなんでも10人の男と結婚するわけにはいかない。だから、経営者の男性の将来性をしっかりと見極める目利きの力は、ベンチャー・キャピタル以上に求められることになる。

もっとも、成功した旦那が、貧しいときに苦楽を共にした糟糠の妻を捨て、若い女に走ることもあろう。しかし、この起業家との結婚の肝は、ボンボンの男や二流のスポーツ選手との結婚と違って、そのように別れるに至ったときにも、信じられないような金銭を妻が受け取れることにあるのだ。なぜならば、その起業家が稼いだ金は、法律的には妻の内助の功のおかげだということになっているからだ。

逆に、起業家の立場から見たら、結婚するのは成功するまで待つことだ。第3章で解説したように、Facebookのザッカーバーグ氏は上場の翌日に婚姻届を提出している。大人気の写真チャットアプリである「スナップチャット」を大ヒットさせた20代の若き起業家、エヴァン・スピーゲルは、2013年にはザッカーバーグからの3000億円で会社を買いたいとのオファーをつっぱねたのだが、この原稿を書いている時点では、彼の会社の価値は1兆円を軽く超えていると言われている。2016年3月に米フォーブスが発表した40歳未満の世界で最も若い富豪ランキングでは彼は世界1位に選ばれている。そして、彼はこの絶頂とも言える時期に、オーストラリアのトップモデルであるミランダ・カーとの婚約を発表したのだ（ELLE ONLINE 2016年7月21日付「ミランダ・カーとエヴァン・スピーゲルが婚約！」）。結婚のタイミングから見ても、彼が頭の切れる男だということがわかる。

いいところのお嬢さんは危険

ここですこし、男性にとっての視点も書いておこう。よく、いいところのお嬢さんと結婚すると、金銭的に得をするようなことを言われているが、それは必ずしも正しくない。確かに、妻や妻の両親と良好な関係を続ければ、子供の教育費などで支援が期待できる場合はある。しかし、人間というものは、金を出せば必ず口を出す生き物だ。会社では、給料をもらうために、毎日、嫌いな上司でも立てないといけないし、会社の命令ならやりたくもない仕事でもやらないといけない。その上に、家庭でも、妻と妻の両親にも頭が上がらないとなると、精神的なストレスはいかばかりか。

そして、こうしたお嬢さんとの結婚は、関係が悪化したときは、諸刃の剣だということを思い知る。妻の所得はゼロなのだから、当然だが、こちらが払うコンピ地獄は最大限のものになる。また、金持ちの親は、法律の知識があることが多く、妻との離婚騒動になれば、優秀な弁護士が雇われ、最大限に金を毟《むし》られることになるだろう。金にがめつい人間だからこそ、金持ちになったのだ。

相手の親の金は、結婚したからといって関係ないのだ。あくまで大切なのは結婚相手のフロー所得なのである。極端な話で、相手の親が大富豪で、自分の親が生活保護を受けているような貧しい暮らしぶりだったとしても、そういったことは離婚裁判では一切考慮されない。相手の親が大富豪ゆえに本人は働いていないのだとしても、単に所得がゼロと計算される。そして、貧しい両親の下で育ち、毎日汗水たらして働いているサラリーマンの夫が、そんな大富豪の娘に婚姻費用を払い続けることになるのだ。それが法律の精神である。いいところのお嬢さんと離婚するときは、覚悟をしておこう。

すでに述べたように、離婚裁判も、日本は裸一貫で成り上がったような成金の男に厳しく、元々金を持っていた伝統的な金持ちに甘いのだ。こうしたことも、日本で起業が盛り上がらないひとつの理由かもしれない。

飛び抜けたボンボンならコンピ地獄も

これまでに、親が金持ちでも自身は大して稼げない男と結婚するのは、あまり旨みはないということを説明した。せいぜい旦那の親に出す食事の塩分濃度を高めるなどの地道な努力をして、早く遺産が転がり込んでくることを祈ることぐらいだろう。親が死ぬ前に離婚してしまえば、全く金は取れない。さらに、旦那が相続した分は、結婚する前からすでにあった金なので、そこに妻の取り分が認められることは難しい。結局、旦那の親が死んで、旦那までぽっくり死んでくれないと、自分に遺産は回ってこないということになる。気の遠くなる話だ。

しかし、相手がただのボンボンではなく、親が数十億円以上の資産を持つ、本当の金持ちだった場合は、少々話は変わってくる。この場合は、旦那がいくら無能でも、形式的にフロー所得が発生していることが多いのだ。親が相続税回避のために、資産管理会社などのダミー会社を作るからだ。

親が自分の金を不動産などに投資する会社を作る。これはアパートなどの投資物件を買って家賃収入を得るだけの会社なのだが、自分の息子をこうした会社の役員にして役員報酬を払うのである。こうすると一括で相続税を払うよりは税率が安くなる。飛び抜けたボンボンの男性と離婚騒動になったら、こうした所得に基づきコンピ地獄にハメることができるだろう。

やむにやまれず結婚するならボーナス支給後

また、男性からの視点でアドバイスをひとつ。

筆者が金融機関に勤めていたとき、同僚のひとりが結婚することになった。大学時代からつきあっていたガールフレンドと、とうとうゴールインすることになったようだ。彼はトレーダーだったので、基本給よりもボーナスの割合が多かった。その年、彼は多くの利益を稼ぎだし、ボーナスもまずまず期待できるようだった。筆者は、彼に婚姻費用や財産分与の仕組みを説明してあげた。聡明な彼は、それをすぐに理解した。そして、実際に役所に婚姻届を提出して、籍を入れる日を引き延ばすことにしたのだ。ボーナスが会社から振り込まれた翌日が、彼らの結婚記念日となった。ボーナスは数千万円はあったようだ。

こうすることにより、そのボーナスはすべて彼のものになる。しかし、ボーナス支給の前に婚姻届を提出していたら、その半分が奥さんのものになってしまう。だから、いつ婚姻届を出すのかはとても重要なのだ。ボーナスに限らず、転職に伴う退職金、あるいは契約金。大きな含み益が出ている株式や不動産などの売却。こうした大きな金額が手に入る機会があったら、婚姻届を提出するのは、それらが振り込まれた後にするべきだ。こうすることによって、奥さんに潜在的に支払う財産分与額を大幅に減らせることになる。

結婚前に持っていた財産は、ふたりの共有財産にならない。これは、結婚を考える場合には、基本のきである。念のために、預金通帳などのコピーを取っておいて、結婚する前に確かにこれだけの財産を自分は持っていた、ということを将来お世話になるかもしれない裁判官に笑顔で証明できるようにしておこう。

離婚することを決意したらすぐに別居

こちらも男性視点で重要なことを書いておく。

もし男性が離婚する決意をしたならば、すぐにでもはじめないといけないことは別居である。財産分与の金額をこれ以上増やさないためだ。第1章で解説したように、婚姻届を出したその日から、夫が稼いで貯めた金の半分が妻のものになる。ふたりの共有財産になるからだ。結婚してから築かれる資産は、すべて夫婦のものなのだ。なぜ、働いていない専業主婦にも半分の権利があるかというと、夫が会社で働いて稼いだ金額の50%は妻の内助の功、つまり、家事をしたり、精神的に夫を支えたことによる、とされるからだ。

ということは、長い離婚裁判がはじまっても夫が稼ぎ続ければ、共有財産が増え続け、それゆえに妻が財産分与で受け取る金額も増え続けるのだろうか。幸いなことに、日本の裁判所では、この50%もの取り分が発生する「内助の功」は、同居していないと発揮しないことになっている。つまり、共有財産となるのは、婚姻届を提出した日から別居を開始した日までに作られた財産なのである。だから、別居することにより、この共有財産の増加を止めて、妻に支払う財産分与額がこれ以上増える可能性を無くすことができるのだ。

さらに、別居期間の実績は、第2章で解説した破綻主義の考えからも重要なのだ。破綻主義に基づいて離婚が認められるには、実質的に婚姻関係が破綻しており、夫婦関係の修復は不可能であると裁判官が判断しないといけないのだが、「実質的な破綻」というのを見極めるときに「長期間の別居」というのが重要なのだ。5年～10年は、この実績を積み上げないといけない。よって、別居するのは早ければ早いほうがいいのだ。

ところで、別居するといっても、借りているマンションから夫が出て行く場合に、その家賃はどうなるのだろうか？　理屈の上では、婚姻費用の支払いから、そうした家賃は差し引かれることになる。たとえば、夫が妻に支払う婚姻費用が月に15万円だと確定し、夫が出ていき、いま妻が家賃8万円の家に住んでいるとしよう。その家賃は夫が払っている。この場合は、すでに支払っている8万円が差し引かれて7万円だけ妻に払えばいいのだろうか。じつは、これが何とも曖昧なのだ。そもそもそこは夫婦が住むために借りたもので、勝手に出て行ったのは夫である。だったら、その家賃の8万円とは別に15万円払え、と言うこともありえる。せめて、婚姻費用から差し引く分は、半分の4万円にしてくれ、と言われるかもしれない。

これが会社が借りている借り上げ社宅になると、その家賃は給料から引かれるが、見かけ上は夫は家賃を払っていないことになる。これは社員の所得税を減らすために外資系企業なんかがよくやる節税法なのだが、この場合は、この給料から引かれている家賃分の金額が、婚姻費用に含まれるというようにはならない可能性が高い。つまり、その家賃とは別に、婚姻費用を丸々支払う必要があるリスクが高いのだ。家賃とは別に婚姻費用を払うのか、家賃の分は安くなるのか、で夫の負担はまるで変わってくる。

こうした状況を避ける方法はただひとつだ。婚姻費用が裁判所に決定される前に、賃貸マンションを解約して、妻には出て行ってもらおう。こうすれば、すっきりと婚姻費用だけを払えばいいことになる。

結婚というのは、婚姻届に判を押した瞬間から、所得の多い方が所得の低い方へ、お互いが使える金額が同じぐらいになるように、金銭を支払い続ける義務が発生する契約である。だとするならば、女性は自分より所得の低い貧乏な男性と結婚する経済的なメリットはあるのだろうか？　結論から先に書くと、まったくない。貧乏な男と結婚したら、家庭を持ったり、子供を作ったりできるではないか、と言っている人は根本的に何かを間違えている。なぜならば男と一緒に住むことも、子供を作ることも、当然であるが結婚しなくてもできるのであり、結婚という金融商品の譲渡契約とそれらは無関係だからである。自分より所得が低く貧乏な男を好きになってしまったのならば、いっしょに住むもよし、子供を作るのもいいだろう。そうして愛にあふれる家庭を築くことはとても素晴らしいことだと思う。

ただ、多くの男はなんだかんだいって、家事や育児の助けにはならない。それだけでも大変なのに、さらに貧乏な夫を養う法的義務である結婚まで背負い込むことはないだろう。シングルマザーは大変だというけど、貧乏な男と結婚してしまえば、子供を養うだけでなく、その上に夫まで養う義務を負うのだ。結婚をせずに、事実婚にしておけば、コンピ地獄になることはない。事実婚なら夫の経済的な価値はゼロだが、結婚してしまえば、いきなり大きな負債を背負い込むようなものなのだ。
もし、貧乏な男と家庭を作りたいなら、マイナスよりもゼロのほうがいいというのは自明ではなかろうか。

結婚詐欺師は本当に結婚したほうが儲かる

結婚詐欺という犯罪がある。詐欺師は、金はあるがあまりモテない女性に、結婚をほのめかして交際し、「じつは事業でどうしても資金が必要で……」などと言って、金を借りてから逃げる、というようなことを繰り返すのだ。借りる金額は、多くの場合、100万円や200万円程度である。ここでは結婚するという嘘をついて、金を引き出すということに詐欺のポイントがある。

しかし、これまでに学んだ知識を使えば、実際に結婚してしまったほうがもっとたくさん女性から金が盗れる、ということがわかるはずだ。いったん婚姻届を出してしまえば、収入が多いほうが、少ないほうに婚姻費用を支払う義務が生じるからだ。そして、実際に結婚したほうが女性が喜ぶし、本当に結婚してしまえば詐欺罪にもならないのだから、いいことずくめではないか。あとは、頃合いを見計らって家を出ていき、しっかりと稼いでいる奥さんから婚姻費用だけをもらい続ければいいのだ。奥さんが、婚姻費用をもう払いたくない、と言えば、まとまった金をもらって離婚してあげればいい。

　こうして結婚と離婚を繰り返すだけで、詐欺師の男性はかなりの金持ちになれるだろう。日本の結婚に関する法律では、これは合法的な行為であるし、実際に、多くの女性が悪びれることなくしていることでもあるのだ。

子供がいるなら専業主婦も可

　こちらは男性へのアドバイスである。

　これまで（男性から見た）結婚のリスクをさんざん警告してきたが、奥さんが、自分と同じぐらい稼いでいるのなら、法律上はほとんど金銭的なリスクはない。奥さんのほうが稼いでいたら、むしろ金を受け取るのは夫のほうだ。ラッキーなケースであろう。

　しかし、逆に言えば、双方にわざわざ結婚する意味もなかったと言える。

　また、結婚することの大きな目的が、子供を作り育てることだとするならば、専業主婦にも合理的な面がある。分業により全体の生産性が上がることは、経済学の基本である。

夫が会社人間になり、家庭を顧みず、妻が専業主婦として家庭の仕事をすべてやり、子供を3人ぐらい育てる、という昭和の家族は、じつはとても効率的だったのかもしれない。

仮に専業主婦を養える経済力があり、本人もそれを望むとするならば、もちろんそうすればいい。昔ながらの夫婦のあり方は、もちろん理想的な形のひとつではある。本書は、そうしたことを否定するために書かれているわけではない。伝統的な夫婦の形を重んじる、硬直した法律や、社会規範に対しては、他のやり方もあってもいいのではないか、と一石を投じたいだけである。こうした伝統的な夫婦の形で幸せになれるのならば大変けっこうな話であるし、そうした夫婦を夢見ることも素晴らしいことであると思う。ただ、そうでない人たちをむやみに非難したり、法律で縛り付けようとするのは、いかがなものか、と筆者は思っているのだ。

金持ちの男の愛人という選択肢

前東京都知事の舛添要一氏は、本書のテーマからは興味深い人物である。舛添氏が当選した、2014年2月9日に行われた東京都知事選では、自民党が舛添氏を支援する方針を早々に打ち出したのだが、前妻である自民党議員の片山さつき氏が支持に反対したのだ。本来なら自民党議員として舛添氏を支持しなければいけないはずなのに、あえて大事なタイミングで各種メディアに流れるように「婚外子に対する慰謝料や扶養が不十分だ。解決されていない」と言い切った（産経ニュース　２０１４年１月19日付「片山氏、舛添氏支持依頼に難色『婚外子への慰謝料扶養が不十分』」）。

別れてしまったとはいえ、かつては結婚までして愛し合った仲ではないか、と思ってしまうのだが、やはり離婚問題の様々なケースを調べると、多くの女性がいったん夫婦関係が破綻すると、別れる夫のことを破滅して欲しいと恨んだりすることがよくあるということがわかってくる。片山氏と舛添氏がどのような夫婦生活を営み、どのように別れたのかは、筆者の窺い知るところではないし、そのようなプライバシーは守られてしかるべきだろう。しかし、こうした前妻からの攻撃にもかかわらず、彼のような日本の伝統的な価値観に囚われず、性に奔放な人物が選挙で選ばれたのは、とても興味深い。結果的に、中小企業の社長がよくやるようなセコい経費の使い方を、都知事の身分でやっていたことが都民の怒りを買い、辞任してしまったのは残念であるが。

ところで、片山氏の婚外子への扶養が不十分という非難が、正当なものかどうかは調べる価値があるだろう。２０１４年１月15日付のＮＥＷＳポストセブンの記事などによると、舛添氏には２人の愛人との間に認知した子３人と、現在の夫人との間の子２人を合わせて、計5人の子供がいるそうだ。養育費の支払いに関する問題とは、その婚外子のひとりが当時25歳であったが、障害を抱えており、舛添氏は現在まで月22万円の養育費を支払ってきた。しかし、舛添氏自身の収入がほとんど無くなったことから、この養育費の減額を求めて調停を起こしている、という。25歳まで月に22万円ずつを支払っていたとすると、その総額は6600万円ほどになる。金利を考えればそれ以上だ。そう考えると、片山さつき氏がいうほど、舛添氏が非難されるべきなのか、とも思える。

舛添氏の場合はいろいろと特殊事情があるだろうが、貧乏な男と結婚すると金銭的にはマイナスになるのに、ある程度以上の金持ちの愛人だと、養育費だけでもこれほどもらえる、ということなのだ。所得の低い貧乏な男と結婚すると、女は金を支払う側に回る。それを考えると、金持ちの男性の子供を産んだ、舛添氏の愛人のケースはそれほど悪いものなのだったのだろうか。

また、第3章で紹介したファンキー加藤さんも婚外子を持つこととなったが、養育費として1億円近い金額を支払うようである。さらに、相手が成功した経営者ともなれば、正妻でなくとも莫大な経済的恩恵を受ける。事実婚では内縁の妻に相続の権利はないが子供にはある。女優の萬田久子さんはアパレルブランド「リンク・セオリー・ジャパン」の創業者であった佐々木力さんと不倫し子供を授かった。いくら得たのか確かな情報はないが、萬田久子さんが現在も億万長者であることは確かだ（デイリースポーツ　2011年8月10日付「萬田久子　悲痛…資産150億円以上の事実婚の大富豪夫が急死！遺産の行方は？」）。

舛添氏は大学教授や議員など、それほど儲からない仕事をしていたが、人気ミュージシャンともなれば、女性から見たら、婚外子をひとり産めば、1億円近い金がポンと入ってくるということになる。成功した経営者ならもっと多いだろう。このように、結婚せずとも、金持ちの男の子供を産む、という選択肢は女性にとっては大いに考えるに値するのかもしれない。

愛人でも報われるための損益分岐点

それでは定量的に、平凡な男と結婚するのか、あるいは稼ぎのいい男性と未婚のまま子を産むのかを比べて、未婚の母のほうが経済的に有利になる所得格差の分岐点を計算してみよう。

未婚の場合、法的にしっかりと保障される権利は婚姻費用ではなく養育費だけになる。

第1章で解説したように、養育費の計算の考え方は婚姻費用とはすこし異なる。まずは、支払い義務者（以下、夫と仮定する）がすべての子供をひとりで養っていると仮定することからはじまる。そして、このひとりで養っていると仮定された父親の年収から子供の取り分を計算する。最後に、権利者（子供の面倒を見る方。断りがなければ母と仮定する）の基礎収入を考慮して、この子供の取り分、子供が受け取るべき金額を父母で按分するのである。

婚姻費用では、夫は妻と子を養わなければいけない（妻が稼いでいたら、妻が夫と子を養う義務がある）。しかし、結婚していない場合は養育費だけでいい。養育費には妻の分が入っていないのだから、当然だが、夫の所得が同じ場合、婚姻費用のほうが養育費よりも多くなる。よって、考えるべきことは、どの程度の年収の違いがあれば、婚姻費用よりも養育費のほうが多くなるのか、ということだ。

まずは、以下を仮定して、この損益分岐点を計算してみた。

（1）女の年収は350万円
（2）正妻の場合も愛人の場合も子供1人を作る

図 4-1　配偶者の年収と婚姻費用と養育費

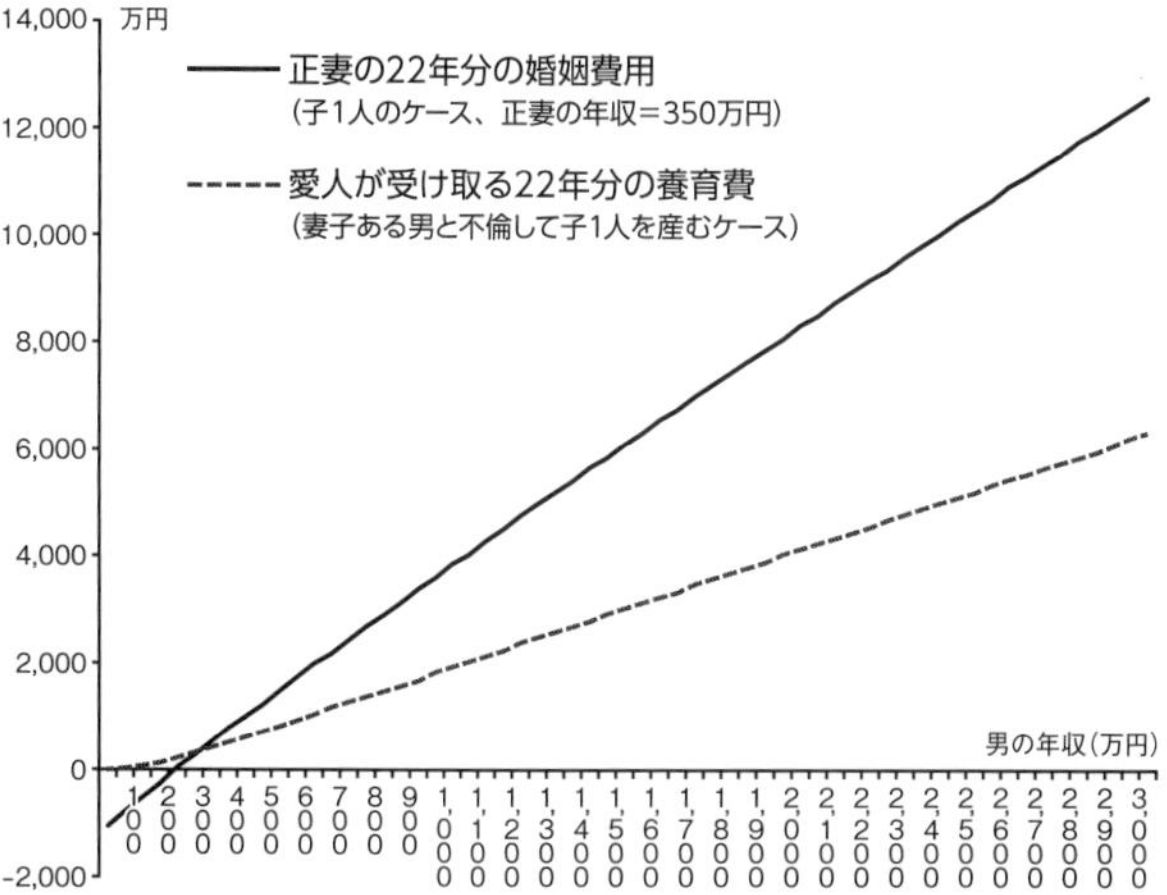

（３）愛人の場合は、男性には妻子がおり、その男性は自営業である

（４）養育費を受け取る期間は一般的な大学卒業までの22年間とする

（５）正妻が受け取る婚姻費用の経済的価値も22年間で計算する（近年は日本の司法は破綻主義に傾いており、どんな理由であれ10年も離婚裁判をすれば認められることが多いのでこの22年はかなり長い期間である）

（６）金利をゼロとする

　これらの条件で、正妻が受け取る婚姻費用の総額、愛人が受け取る養育費の総額を計算すると、上のグラフのようになった。

婚姻費用も養育費も大切なのは男の年収の絶対値ではなく、女の年収との差である。よって、［男の年収－女の年収］がゼロに近くなる領域の計算結果の解釈には注意が必要だ。このケースでは、男の年収が1000万円未満のポイントでの損益分岐点の計算は、仮定する女の年収によって大きく変化することになる。

実線が正妻が受け取ることができる金額である。当然だが、夫の年収が自分の年収の350万円より低いと、結婚によって経済的な損失を被ることになる。最初の仮定に基づいて計算すると、年収600万円の男性と結婚すると約1900万円、年収1000万円の男性なら約3700万円、年収2000万円の男性だと約8100万円を妻は受け取ることができる。

一方で、所得6000万円の妻子ある男性と不倫して子供を作ると1000万円、所得1000万円なら1900万円、所得2000万円なら4100万円の養育費を受け取ることができる。結婚制度があるので、正妻よりも取り分が大幅に少なくなる。当たり前のことだが、仮にルックスなどの条件が同じ場合、結婚してくれる誠実な男性を袖にして、同程度の年収の既婚者と不倫に走る経済合理性はない。しかし、通常の場合、女性は不倫をしたほうが、より高額所得で社会的地位の高い男性とつきあうことができる。

結婚してくれるふつうのサラリーマン男性よりも、不倫相手の子供を作ったほうが得するには、どれだけの年収格差が必要なのかは、多くの女性にとって役に立つ情報であろう。そこで、結婚して正妻になるよりも、不倫や事実婚でも得になる年収格差の分岐点を計算したものが左の表である。

この表は、いわば結婚できなくても経済的にペイするための損益分岐点である。たとえば、年収が２００万円以下の男性と結婚するぐらいなら、すべての男性と不倫をしたほうがマシなことになる。自分より年収の低い男性と結婚するのは、結婚しないより損

図 4-2　事実婚やシングルマザーの養育費が正妻の婚姻費用を上回るための年収

夫の年収［万円］		不倫相手の年収［万円］
0	<	全ての男
50	<	全ての男
100	<	全ての男
150	<	全ての男
200	<	全ての男
250	<	200
300	<	350
350	<	450
400	<	550
450	<	700
500	<	800
550	<	900
600	<	1000
650	<	1100
700	<	1200
750	<	1300
800	<	1450
850	<	1550
900	<	1650
950	<	1750
1000	<	1850
1050	<	1950
1100	<	2050
1150	<	2150
1200	<	2250
1250	<	2350
1300	<	2450
1350	<	2550
1400	<	2650
1450	<	2750
1500	<	2850
1550	<	2950
1600	<	3000

だからだ。また、年収600万円の男性が結婚のオファーを出してくれているなら、年収が1000万円未満の男では不倫する価値はない。しかし、年収600万円の男性と結婚するよりは、年収1000万円以上の既婚者と不倫をして子供を産んだほうが得することになる。年収1600万円の男性と結婚するチャンスがあるならば、それを断るには年収3000万円以上の既婚者が必要だ。

未婚で子供を産むためのルールオブサム

先の議論は定量的過ぎるし仮定する条件で結果も変わってくる。ここでは、もっと簡単に使えるルールオブサム（Rule of Thumb：大まかなやり方）を提供しよう。まずは、パラメータを変えて、他のいくつかのパターンで見てみよう。まずは、ベンチマーク（比較のために用いる指標）として次の結婚生活を想定する。

◆ベンチマーク（平凡な男性との結婚）
女の年収＝200万円
男の年収＝500万円

子供２人

この場合の婚姻費用は月約８・８万円（22年分＝約２３００万円）となる。次に、養育費だけでこれを上回るには相手の年収がどれぐらい必要なのかを考える。

ケース１ 高給取りの男性と結婚せずに子供を１人作る場合

この男性が子無しの場合、年収９５０万円あれば、22年間の平均養育費が約９・１万円となり、総額は約２４００万円となる。要するに、年収５００万円の男性の正妻よりも、年収９５０万円の高給サラリーマンの事実婚ポジションのほうが経済的に有利になる可能性が高いのだ。

ケース２ 高給取りの男性と結婚せずに子供を２人作る場合

子供をもう１人作れば、さらに取り分は増える。ベンチマークとの違いは、結婚しているかどうかだけだ。同じく年収が950万円とすると、月々の養育費は12・9万円にまでアップする。22年間で約3400万円だ。実際には、わずか年収700万円で、事実婚の方がベンチマークの結婚よりもペイすることになる。

ケース3 成功している自営業者（妻1人、子2人）と不倫して2人の子供を作る場合

この場合も、自営業者の年収が900万円程度で、養育費が約9・9万円となり、22年間では総額が約2600万円となる。

ここまでの計算で、実用上十分な簡単な法則が導き出せたと思われる。つまり、女から見たら、年収が2倍違えば、正妻ポジションと愛人、あるいは事実婚ポジションは、養育費だけでほぼ等価となるのだ。

事実婚に関するいくつかの反論

ところで、こうした計算結果を筆者のブログに載せたところ、いくつかの反論があっ

たのでそれらについて答えよう。

ひとつ目の反論は、実際に養育費を受け取っているのは、シングルマザーのじつに2割しかいないというデータである（厚生労働省 全国母子世帯等調査）。日本は、アメリカなどの諸外国と違い、国家権力が養育費の取り立てを行ってくれない、という問題があるのは事実だ。アメリカでは、養育費を支払わないと、警察に捕まって、刑務所に入れられてしまう。日本は、この点に関して大いに改善する余地はあるだろう。

しかし、まともな企業のサラリーマンや、医師や弁護士のような士業、まともなビジネスをしている経営者に関して言えば、養育費が支払われなくなる、というのはほぼありえない。なぜならば、給料、預金、自宅、売掛債権など、なんでも差し押さえが可能だからだ。実際のところ、シングルマザー家庭の多くは、相手の男がどうしようもないダメ男の場合が多い。まともな仕事をしておらず、養育費を取り立てたとしても、せいぜい月に1～2万円程度だ。これだったら、愛想をつかした奥さんが、もう二度と関わりたくないので養育費を請求しない、というのもうなずける。しかし、この計算で想定する、高所得の男性の場合に限って言えば、失業して本当に収入がなくなるなどでもしない限り、ほぼ100％養育費は取れると考えてもらってまったく差し支えない。さらに言えば、婚姻費用と養育費で、どちらが法的に上も下もない。両方とも、相手が払わなかったら、国家権力で相手の財産を差し押さえることができるのである。

同じような反論だが、相手の男が22年間も稼ぎ続けるかどうかわからない、という指摘があった。まったく、そのとおりだ。しかし、それは結婚相手であっても、まったく同じである。むしろ、女性としては、相手の男性が、自分とは簡単には結婚してくれそうにない、あるいはすでに既婚者で結婚できないが、それでも経済的に豊かな男性であるからこそ、未婚の母というオプションを考えているのだ。その点から言えば、今後の稼ぎが心配なのは、むしろふつうの年収の結婚相手の方である。繰り返すが、婚姻費用と養育費では、執行に関する法的な取り扱いはまったく同じである。

また、感情的に、愛は金勘定ではない、という反論もあった。こうした反論は、筆者が本当に達成しようとしていることを真逆に見ていると言っていい。むしろ、金や社会規範に囚われ、真実の愛から遠ざかっているのは、こうした反論をしている人々のほうだ。金の心配や社会規範を守るために、たまたま愛した男が既婚者であったり、なかなか結婚してくれない素敵な男性をあきらめ、その辺の結婚してくれる平凡な男と妥協するのである。むしろ、結婚という形にこだわるほうが、よほど愛がないと言えないだろうか。

現代の日本の社会規範は、子供を作りたかったら結婚しなければいけないし、離婚も好ましくないというものだ。この規範と、婚姻費用や財産分与などの法律が組み合わさると、女性たちは、ある程度の所得がある男性と結婚して子供を作るか、さもなければ、誰とも結婚せず、子供も作らずに、ひとりで死んでいけ、ということを暗に明に強いられることになる。女性の人生は、とてもハイリスクなものになる。それにもかかわらず、多くの日本人女性は、この社会規範に疑問を持たず、そして、守ろうとさえしているのだ。筆者はこのことを常々不思議だと思っている。

第5章　時代遅れの法律と社会規範

男は自分の子供が本当に自分の子供かわからない

無味乾燥な法律の条文に、なんらかの文学的な喜びを見出すことは難しいのだが、次の一文には筆者は深い感銘を覚えた。

妻が婚姻中に懐胎した子は、夫の子と推定する。（民法第772条1項）

この条文を書くときに、「推定」という言葉を選んだ法律家には、人間の男女の絆とその脆さを活き活きと描き出す類まれな文才があったのではないだろうか。男には、自分の子供が本当に自分の子供だと確かめる術はなかったのである。少なくとも、ＤＮＡ

親子鑑定などの検査技術が普及する、最近までは。

以前、元光ＧＥＮＪＩで俳優の大沢樹生さんが、女優の喜多嶋舞さんとの離婚に伴い、引き取り育てていた16歳の長男が、ＤＮＡ親子鑑定の結果、自分の子供ではないことが判明した（週刊女性　２０１４年１月７・14日合併号）。その後の経緯や事実関係などに関しては、すでに多くの報道がなされているが、この問題では現代の結婚や子の扶養に関する法律の不備に注目するべきだろう。というのも、こうした結婚や子の扶養に関する法律は、ＤＮＡ親子鑑定などがまったく普及しておらず、本当に親子かどうかは、状況証拠などにより間接的に立証するしか方法が無かった時代に作られているからだ。

ところで、生物学的には、父親が自分の子供だと思っていたら、じつは自分の子供ではなかった、というのはよくあることだということを述べておきたい。言うまでもなく、妻が浮気をするためだ。生物学的な見地から人間を観察している研究者の間では、すでによく知られていることであるが、人間の女は本来よく浮気をするものであり、生まれてくる子供の何割かは、正式なパートナーの子供ではなかった。しかし、現代社会では避妊技術が普及し、また、中絶手術も、その是非には議論があるものの、現実として広く行われているため、こうした浮気によって子供が生まれてくることは、以前よりもずっと少なくなった。それでも、種々の研究によると、欧米先進国では、3〜4%程度、こうした子供が生まれてくる（*）。日本も似たような割合であろう。

（*）Mark A Bellis, et al., "Measuring paternal discrepancy and its public health consequences," J Epidemiol Community Health, Vol.59（2005）.

妻の浮気でできた子供であっても夫は養育費を支払う

大きな問題は、現在の法律がこうしたDNA親子鑑定などの技術の普及にまったく追いついていない、ということだ。たとえば、婚姻中の夫婦の間に出生した子は嫡出子と推定されるが、自分の子供ではないと夫が主張する場合には、まずは嫡出否認の訴えを起こさなければならない。そして、これは、父が子の出生を知ったときから1年以内に限られる。この1年を超えてしまうと、この訴えはもはや起こすことができずに、今度は親子関係不存在確認調停というのを起こし、長々と裁判所に通わないといけなくなる。その間はもちろん扶養義務が発生する。そして、妻はDNA親子鑑定を拒否することもできる。夫が勝手にやったDNA親子鑑定は不正行為なので、厳密に言うと裁判では証拠とは認められない。もちろん、民事では、不正な証拠であっても裁判官の心証に大きく影響することになるだろうが。いずれにせよ、こうした親子かどうかの問題は調停で議論する問題ではなく、1回検査すれば済む話ではないか、と元々は科学分野の研究者であった筆者には思えるのだが、司法はそのようには動いていない。

さらに、DNA親子鑑定の結果、生物学的な親子関係がないと認められても、なお、法律上の父親には扶養義務があるとされた判例もある。最近では、最高裁で、（DNA親子鑑定の結果）「自然的血縁関係がない」ので、浮気によってできた子供であることが認定されたが、それでも女性が別れた元夫に対して養育費の支払いを請求していた事件で、支払い義務があるという高裁での判決が覆され、話題になった。

最高裁平成23年3月18日第二小法廷判決では、生物学的な親子関係がない子供に対しても、いままでも十分に多額の養育費を支払ってきた、さらに離婚による財産分与で多額の金銭（約1270万円相当）を支払うことで子供の福祉には十分な配慮がなされているので、離婚後の養育費の支払い義務まではないとされた（判例タイムズ1347号）。

現在では、DNA親子鑑定によって、科学的に親子関係があるのかどうかを証明することは簡単なのだが、それと法律はまったく別物なのである。妻が浮気をしてできた子供であり、それがDNA親子鑑定で証明されようと、そのことを裁判で立証することはそれほど容易ではなく、また、仮に立証できたところで、それがすぐに養育費の支払い義務がない、ということにもならないのである。それは、こうして生まれてきた子供には何の罪もなく、子供には親に扶養してもらう権利があるからだ。

実際に、ドイツの女性法相であった、ブリギッテ・ツィプリース氏が、夫が妻の同意を得ずにDNA親子鑑定を行うことを禁じ、違反した場合には1年以下の禁固刑に処す方針を表明し、法改正を実施しようとしたところ、ドイツ国内で大きな議論が巻き起こったことがある。ドイツ有力週刊誌「シュピーゲル」の調査では、ドイツ国民の60％が法相案に反対し、国会でも野党だけでなく、与党からも反対の声が上がった。マインツ大学のワルター・ディーツ教授（神学）は「実子か否かを知る権利を夫から奪うことは、妻に『安心して浮気をせよ』と言うようなもの」と、反対の理由を率直に代弁した（読売新聞　2005年1月14日付）。

現代の科学技術の発展により、以前には決して知ることができなかった、あるいは知る必要もなかったようなことまで、人は知ることになった。DNA親子鑑定はそうした技術のひとつだが、女性や子供の権利を守ることも重要であり、何が人間にとって正しいのか、簡単には答えは出ないのかもしれない。

いまどき婚前交渉しない人はいない

民法第７７２条２項の条文は、さらに味わい深いものがある。

婚姻の成立の日から二百日を経過した後又は婚姻の解消若しくは取消しの日から三百日以内に生まれた子は、婚姻中に懐胎したものと推定する。

なぜ２００日なのか。それは、日本の民法は、夫婦は婚姻届を提出して、結婚してからはじめてセックスをするという、まったくもって常軌を逸した前提で作られているからである。そして、結婚している間しかセックスせず、もちろん、浮気などはありえないことで、他の男とセックスするのは離婚してからしかありえない、という前提により、離婚後３００日以内に生まれた子も、前の夫の子であるとするのだ。いまや、結婚前にセックスをしないカップルなど１組もいない。また、不倫は非常にカジュアルになり、そこら中で行われている。なぜ、このような非現実的な前提に、国の法律が拠って立っているのかというと、単に１００年以上前の明治民法下にできた制度をそのまま使っているからだ。

本来は、子の福祉のため、父を迅速に決定することを目的とした規定のはずだ。しかし、この３００日の規定により、明らかに次の夫の子供であるのにもかかわらず、法的に前夫の子供となってしまうために、かえって子の出生届出が遅れたり、戸籍が作成されないままとなるなど、子の福祉を害する場合を多く生じさせているのだ。離婚する場合、成立するまで別居状態にあるなど、婚姻関係が事実上破綻していることがほとんどだろう。そのため、前夫が実父であるケースは少なく、別の男性や再婚する新しい夫が父であることが多いのは誰が考えても明らかだろう。しかし、その場合でも、戸籍上は前夫の子供になってしまうため、裁判などが必要となる。この３００日問題は、依然として解決していないのだ。

すでに述べたように、ＤＮＡ親子鑑定で実子ではないと判明しても、そのことを裁判で認めてもらうのは大変である。逆に、シングルマザーが、養育費を払わない父親に対して、親子関係を認めさせ、強制認知させるのも大変である。法律が、ＤＮＡ親子鑑定という科学技術が存在する以前に作られているからである。こうした親子関係に関する法律は、ＤＮＡ親子鑑定という、極めて精度が高く、安価な科学技術を前提に書き換えるべきではないのか。

婚姻届に判を押すのは借金の連帯保証人になるより怖い

第１章で解説したように、結婚というのは、特殊な金融商品の譲渡契約に他ならない。そして、この金融商品に組み込まれている婚姻費用というもののために、夫婦関係が完全に破綻した男女を、終わりのない法廷闘争へと駆り立てるのである。婚姻費用の権利者は、別居して、音信不通になり、新たな生活をはじめていたとしても、婚姻費用を搾り取るために結婚契約を解消しないという、おかしなインセンティブを持つことになる。本来、結婚とは愛する男女が、その印として交わすものである。複雑な金融商品の譲渡契約ではないはずだ。しかも、この重大な譲渡契約を多くの男は、そうとは知らずに結んでしまうのだ。

借金の連帯保証人になってはいけない、と学校の先生は教えてくれたかもしれないが、婚姻届にハンコを押すことにより、それよりもはるかに重大な金銭支払いの義務が生じることは教えてくれない。連帯保証人になっても、借金は返せばおしまいだが、婚姻費用は妻が離婚してくれるまで延々と払い続けなければいけない。婚姻届にハンコを押すのは、借金の連帯保証人になるよりはるかに怖いのだ。その点、少なくともセックスと金が明示的に交換される売春行為のほうが、まだ、良心を垣間見ることができるのではないか。

結婚制度のおかしなところを挙げれば切りがないのだが、根本的におかしなところは「内助の功」という理屈だろう。これが財産分与などの全ての法的根拠である。つまり、結婚しているというだけで、専業主婦にも夫の稼ぎの半分の権利があるというのだ。

ビジネスマンにとって妻の内助の功なんてない

ここで独身のビジネスマンを思い浮かべてみよう。朝早く出社して、ミーティングに出る。さまざまな分析や意思決定をする。膨大な事務処理をこなす。顧客に電話しなければいけない。自社の新しい製品に関して勉強もしないといけない。夜になったと思ったら、これからまた接待の酒席に参加しなければいけないのだ。そこでは顧客はもちろんだが、上司にも気を遣わないといけない。この彼が、ある女性と知り合い、とうとう婚姻届にハンコを押したとしよう。そうすると、結婚生活からエネルギーをもらい、急に仕事を2倍の効率でできるようになるのだろうか。あるいは、結婚生活で癒されることにより、休まなくてもよくなり、2倍長く働けるようにでもなるのだろうか。むしろ逆ではないか。接待をして帰りが遅くなれば浮気を疑われて、ネチネチと怒られる。家でゴロゴロして休みたい週末も、家族サービスだなんだと、また働かされる。奥さんがいることにより、仕事はむしろやりにくくなるのがふつうではないか。しかし、現代の結婚制度では、婚姻届にハンコを押した瞬間から、この内助の功という根拠に基づく、財産分与と婚姻費用によって、自分の稼ぎの半分が奥さんのものになるのだ。そんなことが、すっと腹に落ちるビジネスマンがこの世に存在するのだろうか。

内助の功などというのは、おじいさんは山へ柴刈りに、おばあさんは川へ洗濯に行った時代の概念なのだ。洗濯や掃除、料理などに膨大な時間がかかった時代に作られた法律は、現代社会の実情にまったく合っていない。洗濯はボタンを押すだけだし、クリーニングもある。掃除は家事代行業者にやってもらえば、1回数千円だ。料理など、日本では安価で美味しいレストランがそこら中にあるではないか。現代では、内助の功など存在しないのだ。

これは男ばかりではなく、キャリアウーマンにも、非常に都合が悪い法律だ。なぜならば、男女平等が絶対的な正義である近代の法律において、専業主婦にこうした財産分与や、婚姻費用の権利があるのならば、同じく自分より稼ぎがいい女と結婚した男にも、まったく同じ権利が認められなければいけないからだ。こうしたキャリアウーマンが自分より稼ぎが悪い男と結婚した場合、仕事をして家事や育児をして、なおも夫に金を払い続ける義務が生じる。夫が家庭裁判所に「妻が金をくれない」と言いつければ、コンピの支払い命令が下るだろう。

かくして、結婚制度の概要を知っているキャリアウーマンは、自分より稼ぎが少ない男と結婚なんてできないと当然のように考える。本来は、愛する者同士が結ばれればいいはずなのに、結婚制度のために相手の稼ぎが少なければ好きな男とも別れなければいけないのだ。

政治の仕事をすればいい欧州と性道徳まで問われる日本

フランスでは特に珍しいことでもないようだが、2014年の1月、フランスのオランド大統領(当時59歳)と女優ジュリー・ガイエさん(当時41歳)の間で不倫疑惑が持ち上がった。1月10日に発売されたフランスの週刊誌クローザーは7ページにわたって、オランド大統領とジュリーさんが「お泊り密会」を繰り返していた疑惑を写真付きで報じていた。しかし、不倫発覚後に約600人の報道陣が詰めかけたエリゼ宮の会見でも、オランド大統領は冒頭からまったくこの問題に触れずに、記者からの質問を「私的な問題には私的に対処する。それに関して議論する場ではないし、その時でもない」と完全にはねつけた。そして、不倫発覚後のフランス国民の世論調査では「不倫問題を気にしない」との回答が77％を上回ったという（AFP　2014年1月13日付「大統領の『不倫』に仏国民は興味なし？」）。

フランスではミッテラン、シラク、サルコジと歴代の大統領がそれぞれ華やかな女性関係を持っており、国民もそのことをまったく問題にしなかった。ミッテラン大統領が記者に愛人のことを突っ込まれたときに「それが何か？」と答えたことは有名であり、隠し子がすっぱ抜かれたときも「隠してないから隠し子じゃない」と言って何の問題にもならなかった。

欧州大陸では政治やビジネスの世界では、私生活の問題は、仕事をしっかりとやっている限り、まったく問題にならないという価値観が一般的である。米国に関しては、キリスト教の一夫一妻的な価値観がやや強く、クリントン元大統領が在職期間中にホワイトハウスで実習生だったモニカ・ルインスキーさんと性行為をしていたことが発覚し、大きなバッシングに発展した。しかし、それでもクリントン氏は辞職するようなことにはならなかった。

日本では、宇野宗佑元総理などは元芸者との愛人契約が発覚し、マスコミで大騒動になり、なんと総理大臣を辞任してしまった。そもそも仕事と関係のないことで、法律を犯したわけでもないのに、その仕事を辞するというのはなんとも理解し難いことであるが、それ以前の問題として、フランスの大統領は人気女優などと堂々と恋愛をしているのに、日本の総理大臣は元芸者に金を払って関係を持ってもらうという、一国のリーダーとしてはなんともモテない感じがして、一日本国民としてはとても残念であった。こと要職に就く男性の女性問題に関しては、欧州ははるかに日本よりも寛容であり、米国も仕事とプライベートの切り分けに関しては、日本よりははっきりしていると思える。

しかし、日本も徐々に変わってきているのかもしれない。第4章でも述べたが、都知事だった猪瀬直樹氏が徳洲会グループからの資金提供問題で辞職し、急遽行なわれることになった2014年の東京都知事選では、多くの婚外子がいる舛添要一元厚生労働相が当選した。その後、舛添氏は政治資金を公私混同していたことで辞任に追い込まれてしまったが、日本の社会も徐々に変わってきていると思った選挙であった。

世界の中で異常に低い日本の婚外子比率

日本と世界の婚外子比率がどの程度違うものか見てみよう。じつは、日本は世界の先進国の中で、圧倒的に婚外子が少ない国なのである。フランスやオーストラリア、ノルウェー、スウェーデンなどの北欧諸国では婚外子比率が5割を超えており、もはや法的な夫婦の間で子供を作るほうが少数派になっている。アメリカも4割を超えており、さらに増える傾向にある。他の欧州の国でも婚外子が増える傾向が加速している。Eurostatの統計によると、アイスランドの婚外子の割合は66・９％で7割に迫る勢いだ。一方で、日本の婚外子の割合は２％程度で圧倒的に少ない。

世界的な婚外子の増加は、結婚と離婚の法律に関して新たなテーマを投げかけているし、子供の養育に関する社会福祉制度においても重要な観点である。さらに、婚外子を増やし、シングルマザーでも国の補助などで子育てを容易にするような政策を実施して、少子化対策に成功している先進国もある。

図 5-1　世界の婚外子比率［%］

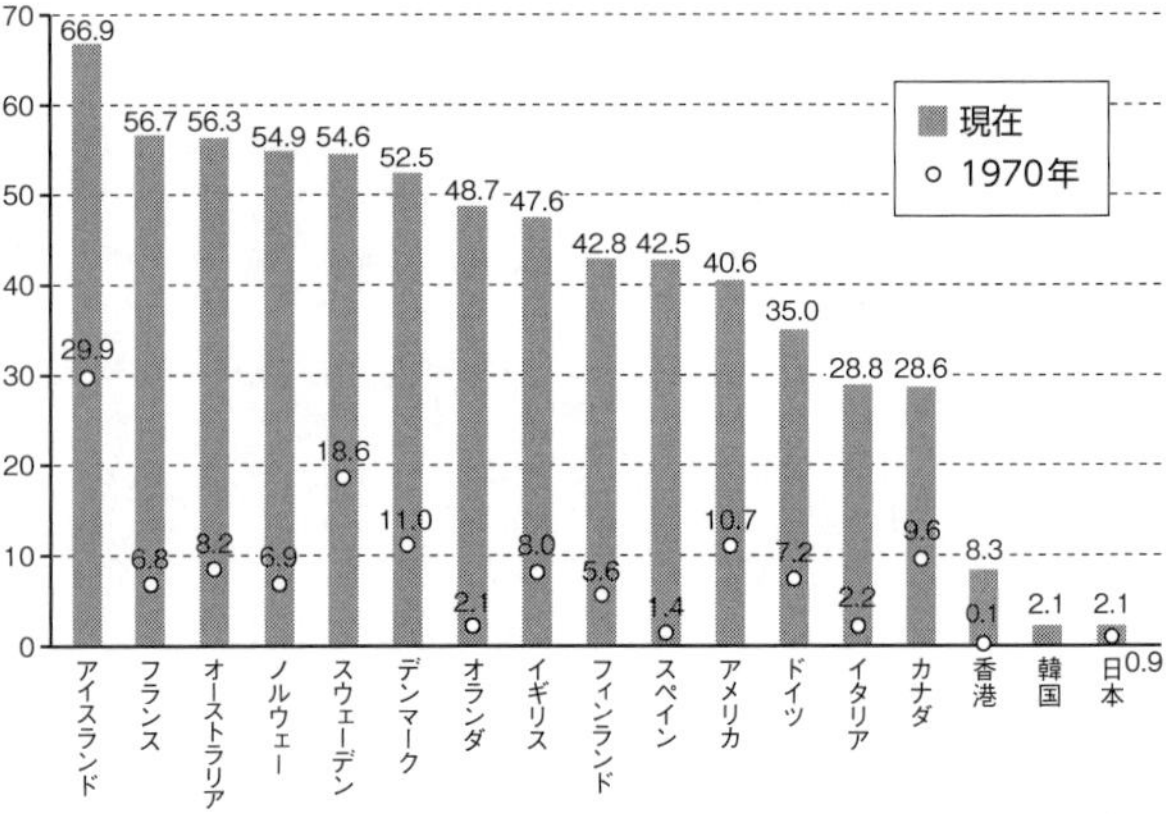

出所：オーストラリア、イギリス、アメリカ、韓国：国連 World Fertility Report 2012。
日本：平成25年版厚生労働白書 －若者の意識を探る－。
他：Eurostat (2014年)。韓国の1970年のデータはなし。

日本では、まずは結婚してから子供を作ることが正しいとされており、その価値観は依然として強固だ。そして、ある程度の所得のある男性にとっては、結婚というのはこれまでに解説してきたとおり、重い負担が伴う契約なのである。そして女性は、その「ある程度の所得のある」男性としか結婚したがらないのだから、少子化が加速するのは自明なのだ。日本の結婚制度が今後どのように変わっていくのか興味深い。

所得が上がると女性は結婚しない

女性にとっては、自分より所得の低い男性と結婚することは経済合理的ではない。筆者は何も、愛より金、などとつまらないことを言おうとしているのではない。実際に、女性は自分より貧乏な男性のことを好きになったならば、思う存分恋愛をすればいいし、子供を作ることも大いにけっこうだと思っている。ただ、その場合は、結婚という金融取引をしないほうが得だと言っているだけだ。なぜなら、結婚してしまえば、自分より貧乏な夫まで扶養する義務が生じてくるからだ。法律は男女平等である。結婚すると、稼いでいる夫が妻に金銭を支払う義務があるならば、同様に、稼いでいる妻は夫に金銭を支払う義務が生じるのだ。だとするならば、貧乏な男を好きになったら、結婚しないでつきあい続けるほうが得だという単純な話だ。

その逆もまた真なり、である。自分より所得の高い相手と結婚することは、金融取引の観点から言って、大いに得する。実際のところ、多くの女性は、結婚制度の法律の詳細を知らなくても、自分より稼いでいる男性と結婚しようと思っている。いわゆる、年収○○万円以上、というやつである。そして、金融取引の観点から言えば、これはじつに正しい。

さて、すでに述べた通り、日本は諸外国と比べて婚外子が極端に少ない国である。日本の法律がとりわけ婚外子に厳しいわけでもないので、これは多分に文化的なものであると思われる。とにかく、日本人は結婚しないと子供を産んではいけない、と思い込んでいるのである。

ここにもうひとつ面白いデータがある。総務省は、家計の実態を調査し、全国及び地域別の世帯の所得分布、消費の水準及び構造等に関する基礎資料を得ることを目的として、5年おきに全国消費実態調査を行っている。2009年度の「若年勤労単身世帯の男女別1か月平均実収入及び消費支出の推移」を見てみると、実収入のうち、男性の可処分所得が21万5515円なのに対し、女性は21万8156円となっており、調査開始以降はじめて男女の可処分所得が逆転した。現在、日本の産業はサービス業が主流になっており、販売店員などは、コミュニケーションが得意な女性のほうが好まれる。こうした中で、ついに20代の可処分所得は男女逆転してしまっているのだ。

女性は自分よりも所得が高い男性と結婚したいのだし、これまで解説してきたとおりに、それは極めて正しい考えである。一方で、結婚適齢期の男女の可処分所得の水準は、ついに逆転してしまうところまで来たのだ。つまり、当たり前だが、女性は自分より所得が高い男性を見つけるのがどんどん困難になっている。

少し古いデータになるが、平成17年の独立行政法人「労働政策研究・研修機構」が分

図 5-2　男女の年収別婚姻率［%］

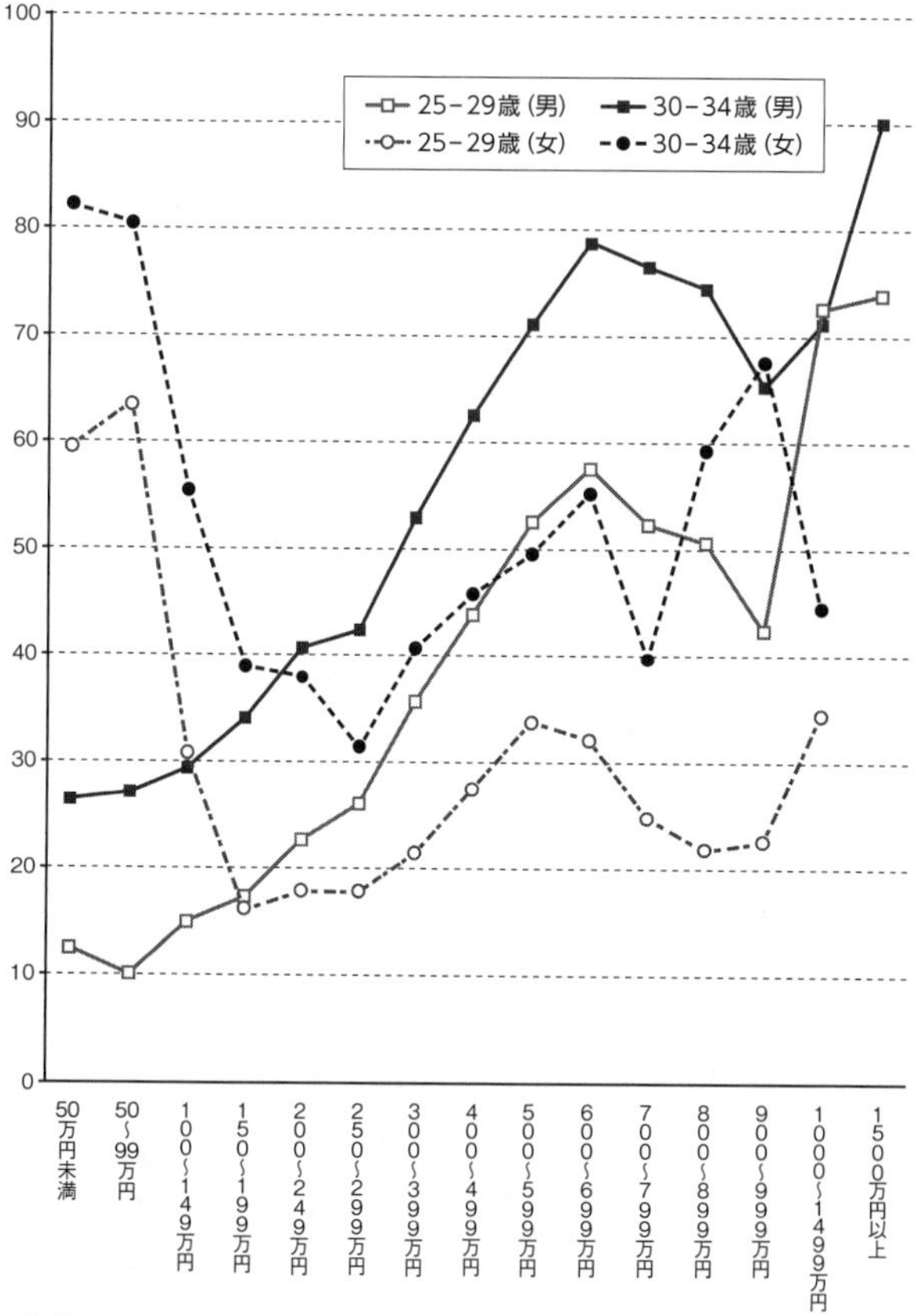

出所：「若者就業支援の現状と課題」労働政策研究・研修機構、平成17年6月22日

析した「若者就業支援の現状と課題」と題する研究論文によれば、やはり所得が高くなるほど男性の婚姻率は急激に高まっている。

年収が1500万円以上の場合、25~29歳の男性の74%がすでに結婚しており、30歳~34歳の場合はなんと90%がすでに結婚している。しかし、年収が500万円より下になっていくと、男性の婚姻率は一気に下がっていく。つまり、金持ちの男性はすぐに売れていき、そうした金持ちの男性と結婚できなかった女性は、未婚を選んでいるのだ。そして、日本では、前述のように、主に文化的な制約から、結婚してからでないと子供を産んではいけないのだから、結果的に少子化になるのは当たり前なのである。

また、教育社会学者の舞田敏彦氏が総務省が発表している就業構造基本調査から推定した職業別の生涯未婚率によると、医師の場合は、男性の生涯未婚率はわずか2・8%であるにもかかわらず、女性のそれは35・9%にも跳ね上がっている（ニューズウィーク2015年9月1日付「生涯未婚率は職業によってこんなに違う」）。高所得の男性医師は、簡単に結婚できるが、女性の場合は、自分より稼いでいる男性が一気に減るため、結婚するのが困難になっている様子が読み取れる。

少子化の原因は結婚という金融商品の欠陥

筆者は長年にわたり、金融機関で多くの複雑な金融商品の開発に取り組んできた。そうした金融工学の観点から言うと、現在の日本の少子化問題は、結婚という金融商品の欠陥が大きく関係していると思われる。金融商品の開発というのは、様々な投資家にちょうどいいリスクとリターンのバランスを考える、ということである。たとえば、ある投資家はハイリスク・ハイリターンの株式投資を選好しているが、別の投資家は国債のようなリスクが低い投資をしたい。そして、その中間がちょうどいい場合もあるし、この期間はリスクが取れないけど、それより後ならリスクを取れるというような場合もある。そこで、金融工学を使って、様々な金融商品を組み合わせて、顧客に合ったリスク対リターンのプロファイルをデザインするのである。

現代の日本の結婚制度というのは、金持ちの男性と結婚できたほんの一握りの女性だけが限りある利益を独り占めする構造になっている。いったん結婚したら、その既得権益は法律で守られるからだ。そして、そうした男性と結婚できなかった女性は、未婚を貫き、生涯子供を産まない、という選択に追い込まれる。これこそが少子化問題の本質だと筆者は考えている。つまり金融商品に例えるならば、女性には、金持ち男性と結婚して子供を作る、という非常にめぐまれた選択と、誰とも結婚せずに生涯子供を産まない、という選択のふたつしかなく、その中間の選択肢がほとんどないのが現状なのである。

ここは金融商品の開発のように、その中間のバラエティを増やすべきではないだろうか。そのひとつは言うまでもなく、舛添要一氏のケースのように、愛人として子供を産む、という選択肢であろう。日本も昭和初期まで妾という立場は世間にありふれた存在だった。これは当然、正妻の既得権益を毀損することになるが、結果として、多くの女性が恩恵を受けるのではないか。また、中所得者同士の結婚では、籍を入れずに子供を作り、同棲するというような、欧米先進国できわめて一般的に見られる家族の形がもっと増えてもいいだろう。シングルマザー、シングルファーザーでも仕事を続けられるように、保育所の整備をしたり、国からの補助金を増やしてもいいかもしれない。

いまの日本の結婚制度や社会規範が、最近の社会の変化についていけていないのは明白である。我々は、こうした前時代的な法規制の改正を求めなければならないところまで来ているのではないだろうか。そして、社会規範も変えていかなければならない。

筆者は、結婚制度は、子の福祉ということを最大の目的にして書き換えるべきだと考えている。ＤＮＡ親子鑑定による迅速な親子の認定、あるいは否認、そして、実の子に対する養育義務の徹底などが必要だろう。その反面、単に結婚しているというだけで、所得の高いほうが、立派な大人を婚姻費用で養い続けなければいけないなどという、おかしな考え方は改めるべきだ。たとえば10年も、婚姻費用を取り続けるために離婚裁判を長引かせるようなことは、現代社会では認められるべきではないのだ。

第6章　古くて新しい家族のあり方を考える

一夫一妻制は自然な形なのか

人間というのは言うまでもなく動物の一種である。そうであるならば、人間社会を縛ろうとしている結婚制度という法規制を考える前に、動物としてのヒトの配偶システムはどういったものであったのかを考えるのは有益だろう。そもそもヒトという動物は一夫一妻制が自然な形なのだろうか。

多くの哺乳類の動物は、一夫多妻的な社会を形成している。シカのオスは角を突き合わせて他のオスと闘争する。こうした戦いに勝ったオスは何頭ものメスのハーレムを所有する。ゾウアザラシのオスは、平均すると体重がメスの約7倍もあり、オス同士が海のなかで牙をむき出し血みどろの戦いを演じる。勝ったゾウアザラシのオスは何十頭ものメスのハーレムを得ることになる。そして、そのハーレムを狙う他のオスに殺されるまで戦い続ける。昆虫のクワガタムシでさえ、樹のいい蜜が出る陣地を巡って他のオスと大きなハサミで戦う。こうしていい蜜を手に入れたオスがメスと交尾する。

ヒトに近いゴリラやチンパンジーはどうだろうか。ゴリラはゾウアザラシに近い婚姻形態である。つまり、体の大きい強いオスがケンカに勝ち、ハーレムを手に入れるのだ。よって、ゾウアザラシと同じように、オスの体は戦いで少しでも有利になるように、メスの体よりもはるかに大きく進化した。一方で、チンパンジーは乱婚的な社会を形成している。群れの中で地位の高いアルファオスが発情期のメスと優先的に交尾するが、他のオスも次々とメスと交尾できる。よって、チンパンジーは、メスの膣内で複数のオスの精液が混じり合い、どの精子がひとつの卵子にたどり着くかの精子戦争が起きる(『精子戦争――性行動の謎を解く』ロビン・ベイカー、河出書房新社)。こうしてチンパンジーの精巣は体の大きさに比して非常に大きく進化した。一方で、ゴリラの精巣は非常に小さいままだ。ゴリラは他のオスとの決闘で勝てば精子戦争をしなくてもいいので、体は大きく進化したが精巣を増強する必要はなかったのだ。

たとえば、長谷川寿一氏、長谷川眞理子氏の『進化と人間行動』(東京大学出版会)を読むと、霊長類はオスとメスの体の大きさの比、オスの体重に対する精巣の重さの比で、現代の人間のような一夫一妻制の種、ゴリラのような一夫多妻のハーレムを作る種、チンパンジーのような乱婚型の種にある程度は分類できるそうだ。つまり一夫多妻が強くなればなるほど、オスは他のオスとの戦いに勝つ必要があるので体が大きくなり、乱婚的になればなるほどメスの膣内での精子戦争に勝つ必要があり精巣が大きくなるのだ。こうした観点から見ると、霊長類の中でのヒトのオスは、メスに対する体の大きさは一夫多妻のゴリラほどではないが、一夫一妻の他のサルと比べると、やや一夫多妻寄りに近く、また、乱婚型のチンパンジーほどではないが、精子戦争が多少は存在したことを示唆するほど精巣は大きいという。つまり、一夫一妻を強制することを目的としている結婚制度を離れて考えると、ヒトは本来ゆるやかな一夫多妻の配偶システムであり、妻の浮気などのチャンネルを通して精子戦争が起こっている、と考えるのが自然だろう。

次は、文化人類学的な観点から配偶システムを考えてみよう。現代の先進国は全て一夫一妻の配偶システムを採用しているが、これは必ずしも普遍的なものではない。1967年に、文化人類学者のG・P・マードックが、世界中の849のさまざまな文化の社会における婚姻制度を調査した。この調査結果によると、全体の83％に当たる708

の社会が一夫多妻制であった。一夫一妻制の社会は137で全体の16％を占めており、一妻多夫の社会はわずか4つであった。

再び他の動物を見ると、オスが子育てに関わるかどうかも配偶システムに大きく関係してくる。鳥類や魚類にはハクチョウやトゲウオなど、オスが積極的に子育てをする種が多くいる。こうした種では一夫多妻の配偶システムはほとんどない。オスが子育てを積極的にしなければいけない種では、一夫多妻を実現するようなリソースがオスにはないからである。ちなみに、仲の良い夫婦を「おしどり夫婦」などと呼ぶが、オシドリの研究では、たしかに一夫一妻だが、それは子育ての1サイクル毎の話であり、毎年パートナーを変えるし、ときに自分のパートナーを出し抜いて浮気することがわかっている。

しかし、イスラム圏など、現代にも残る一夫多妻の配偶システムを採用している社会では、父親は子に多大な投資を行っている。むしろ、ヒトの研究では、一夫多妻の社会のほうが、父親が多くの投資を行っているのである。これは子育てに関わろうとしない他の一夫多妻の動物の行動とは一見矛盾しているように思えるが、それを可能にしたものが何であるかは明らかだ。富の蓄積である。

狩猟採集生活をしていたヒトは、誰かが大きな富を蓄積することはほとんど不可能であった。しかし、農業や牧畜の発明以後、人間社会では富の蓄積と分配に大きな不平等が生じるようになり、一部のオスが極端に富めることになった。こうしたオスは金で多数の他人を雇えるようになり、一夫多妻でかつ子に投資する、ということが可能になったのである。

現実の恋愛市場は一夫多妻制

生物学的な時間スケールで見てみると、いま我々が当たり前に思っている、民主主義も法治も、食料や便利な科学技術に溢れた社会も、数百万年もある人類の歴史のなかでは、ごく最近現れた非常に特異なものでしかない。しかし、ヒトの本能は、長らく続いたサバンナの狩猟採集時代に進化を通して作られたままである。我々のような現代社会の人間も旧石器時代の人間も心の動きに関してはほとんど変わらず、旧石器時代の子供を現代社会に連れてくれば、おそらく、ふつうの子供として成長し、現代人と同じように成人していくはずなのである。

現代社会で一夫一妻が絶対的な善のように考えられ、そうした法制度が作られたのは、やはり、世界中で先住民を虐殺して、世界の覇権を握ったキリスト教徒たちの価値観が大きいのかもしれない。日本をはじめ、世界の非キリスト教の先進国も、西洋で作られた法律を輸入し、法治国家を運営しているので、必然的にキリスト教の一夫一妻制が善となったのだろう。

さて、ヒト本来の本能と、それに基づく配偶システムがどのようなものかを考えるのに、何も他の霊長類を研究したり、世界中の社会を調査したり、宗教や戦争の歴史を勉強する必要はない。法規制で縛られない自由な男女の恋愛市場がどうなっているのかを観察すればよいだけだ。そして、それは明らかに一夫多妻的な様相を呈している、と筆者には見える。つまり、一部の男性が、多くの女性を独占しているのである。

最近の調査研究によると、じつに20代の4割もの男性が女性と全くセックスしたことがない。日本最大のコンドームメーカーの相模ゴム工業が2013年1月に約2万9000人にアンケートを取り約1万4000人から回答を得た調査では、20代男性の41%が純粋な童貞であるという。素人童貞（ソープランドなどの性産業従事者に金銭を払ってセックスをしたことはあるが、自由な恋愛で女性とセックスをしたことがない男性）ということではなく、20代全体の平均値として、じつに4割の男性が全く誰ともセックスというものをしたことがないというのだ。日本家族計画協会が2014年1月に発表した、約10万人に依頼し約５０００人が回答した調査結果によると、やはりこちらも20代男性の42％が「異性と性交渉を持った経験がない」と答えた。なお、双方とも、20代女性で性交渉の経験なしは20％強という結果が出ている。

男性には、金を払えばセックスをさせてもらえるサービスが多数用意されているが、女性には用意されていないし、おそらく需要もないだろう。それにもかかわらず、性欲が強く、恋愛市場で最も活発であるはずの20代の６割弱しかセックスをしたことがない。そして、おそらくは素人童貞はその中でかなり多いのであり、ふつうに自由な恋愛を通して恋人とセックスできている男性は少ないのである。

20代男性の素人童貞とまったくセックスをしたことがないピュア童貞の割合は、筆者の知る限りでは信頼できる調査結果はないが、筆者の実感に基づく当て推量では素人童貞は７割程度だと思われる。つまり、自由な恋愛市場では３割程度の男性しかセックスできていないように思われる。一方で、女性の８割近くは、当然だが自由な恋愛をしているのだ。ここで考えられることは、一部の男性に多くの女性が集まっており、おそらく半数以上の男性には全くセックスさせてくれる女性がいない、ということなのだ。

現代社会でも、自由な恋愛市場は緩やかな一夫多妻制なのである。

結婚制度で誰が得をしているのか

それでは、一夫一妻の配偶システムを強制しようとしている現代の結婚制度で、いったい誰が得をして、誰が損をしているのか。そして、おそらくはヒト本来の配偶システムである、ゆるやかな一夫多妻制に移行すると、誰が損をして、誰が得をするのかを考えていくことにする。

結婚市場の数学的な特徴は、男女の強制的な1対1の写象《マッピング》である。つまり、自由な恋愛市場では、ひとりの男性が複数の女性と同時につきあうことができた。あるいは取っ替え引っ替えして、重なってはいないが実質的に複数の女性とつきあうことができた。しかし、結婚市場では、ひとりの男性はひとりの女性としか結婚できないのだ。

仮に男100人、女100人の村があったとして、男性の魅力を経済力などから1位から100位、女性の魅力をルックスなどから1位から100位に順番が付けられるとしよう。筆者は、ここで何も男は経済力、女はルックスなどというつまらない主張をしているわけではない。男は誠実さ、女は貞淑さが魅力の指標となるとしてもいい。とにかく、仮に順番が付けられる、として話を進めよう。

法規制の存在しない自由な恋愛市場では、ここで男の1位〜10位ぐらいが上の3割ぐらいの女を独占し、男の11位〜30位ぐらいが女のその下の3〜4割ぐらいとつきあい、男の下の7割が誰ともつきあえない、ということだ。しかし、法規制で強制的な1対1の写象が行われる結婚市場では、1位の男性は1位の女性と、2位の男性は2位の女性と、……、50位の男性は50位の女性と結婚する傾向があろう。つまり、結婚市場では、上位の男性による女性の独占が起こらないので、下位の男性にも広く女性が分配されることになる。

要するに結婚制度とは、男性の下から6〜7割程度のための法制度なのである。民主主義というのはひとり1票である。自由な恋愛市場（緩やかな一夫多妻制）では苦戦する男性が多数なので、民主主義を採用している先進国、つまり全ての先進国では一夫一妻制を強制する結婚制度が支持されるのもなんら不思議ではない。また、本来ならもっと取り分があったはずの上位の男性にしろ、少なくとも上位の女性を1人は手に入れることができるために、そこまで不満はないだろう。こうして為政者たちは、民衆の不満を最小化し、暴動のリスクを減らすために、一夫一妻制こそ道徳的に正しい、ということにしたのではないだろうか。

図 6-1　結婚制度の仕組み

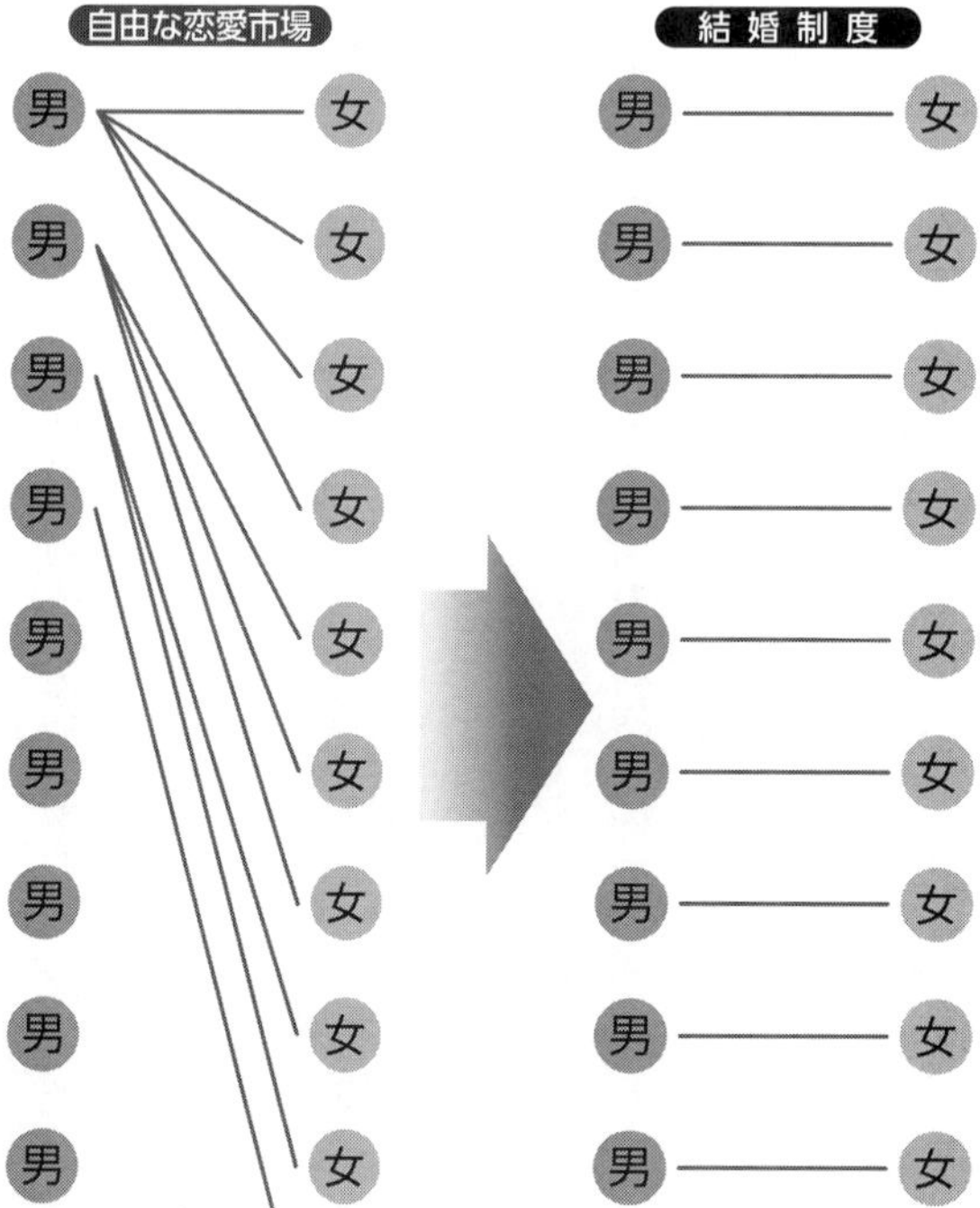

しかし、現代の世界の先進国では、婚外子の増加など、一夫一妻制が徐々に崩れつつある。じつは、そこには女性の政治参加の影響があるのだ。

女性が社会進出すると婚外子が増える

すでに述べたように、生物学的な考察や実際の結婚前の男女の自由恋愛に関する調査などから、人間の配偶システムは、法規制が何もない状態で自由になれば、緩やかな一夫多妻制になるだろうと思われる。しかし、日本をはじめ、現代の先進国では、様々な文化的制約、法規制等で一夫一妻制を善とする社会規範ができている。そして、その理由のひとつは、政治的な安定性を確保するためだと思われる。

結婚制度はなるべくたくさんの男性に女性を分配するためだという、この仮説が正しいとしたら、一夫一妻制、そしてそれを強制しようとする先進国の結婚制度は、女性を守るため、というよりはむしろ、多数派の男性（民主主義では一番政治力がある）の救済策であることがわかる。つまり、女性の多数派にとってはじつは不利益な制度なのだ。だとしたら、女性の社会進出が進み、政治の場で女性の力が増すほど結婚制度は形骸化し、婚外子が増えるはずである。

それでは、この仮説を少なくとも部分的に確かめてみよう。第5章で示したように、世界の先進国の婚外子比率は総じて50％前後に達している。つまり、これらの国ではふたりにひとりの子供が、法律上の婚姻関係ではないカップルから生まれてくるのである。法律上は、全ての先進国が一夫一妻しか認めない結婚制度を採用しているが、多くの国で、すでにそうした結婚制度を使わないカップルが多数派になっているのだ。それでは、女性の社会進出の度合い、女性の政治力と、婚外子率の関係を調べてみよう。女性の社会進出の度合いを調べるために、世界経済フォーラムが公表している「The Global Gender Gap Report 2016」を参考にする。

婚外子比率が6割を突破している北欧のアイスランドは、女性の社会進出、そして、その結果としての男女平等はどの程度進んでおり、世界の中でどう位置付けられているのだろうか。前述のレポートによれば、案の定、男女格差指数（Gender Gap Index）で、アイスランドは世界第1位であり、婚外子比率が同率で最低の日本と韓国は、それぞれ144カ国中で111位と116位となっている。この世界男女格差指数の2位はフィンランド、3位はノルウェー、4位はスウェーデンと続く。つまり、これらの男女平等が極めて進んだ国では、婚外子が非常に多く、逆に、日本や韓国のように、女性の社会進出が遅れており、男女格差が大きい社会では、婚外子が非常に少ないのだ。

ここまでで、結婚制度は男性の多数派のためのものであり、むしろ女性の多数派には不利益になっており、女性の政治力が強まれば強まるほど、結婚制度は形骸化する、という筆者の仮説はある程度は正しいように思われる。婚外子比率は過去から現在まで増え続けており、これは女性の社会進出と同じトレンドであるからだ。

残念ながら、日本や韓国は先進国の中では、女性差別が未だに残り、男女格差が依然として存在していると言われている。そして、その結果として、婚外子の割合が非常に少ないのかもしれない。日本が欧米先進国並みに政治やビジネスの分野で男女平等になれば、その結果として、結婚制度は形骸化し、婚外子比率が増えると筆者は予測しているのだが、はたしてどうなるだろうか。

動物の子殺しから考える父系制社会の影

現代のすべての先進国で、家族は父親を中心に作られている。もちろん、例外はいくらでもあるが、これだけ男女平等が謳われていても、母親は結婚すると父親の苗字を名乗るのがふつうである。男が女の「家」に入る、いわゆるマスオさんというのは、どこ

図6-2　婚外子比率と男女格差指数ランキング

国　名	婚外子比率［%］	男女格差指数ランキング
アイスランド	66.9	1
フランス	56.7	17
オーストラリア	56.3	46
ノルウェー	54.9	3
スウェーデン	54.6	4
デンマーク	52.5	19
オランダ	48.7	16
イギリス	47.6	20
フィンランド	42.8	2
スペイン	42.5	29
アメリカ	40.6	45
ドイツ	35.0	13
イタリア	28.8	50
カナダ	28.6	35
香港	8.3	–
韓国	2.1	116
日本	2.1	111

出所：婚外子比率は第5章と同じ。男女格差指数ランキングは"The Global Gender Gap Report 2016"から。

の先進国でもマイノリティーだ。社会の主流派は、女が男の家に入り、男の親族が子育ての中心となっている父系制社会なのだ。しかし、これは考えてみると、とても不思議だ。じつは、現代の社会では、本来は母親とその親族を中心に家族を形成する、母系制社会のほうが合理的に思えるのだ。

動物行動を進化生物学の視点から研究し、それを人間の行動に当てはめて人気になった竹内久美子氏の近著『本当は怖い動物の子育て』（新潮新書）では、人間を含めた哺乳類の「子殺し」をテーマとしている。少々重苦しい本であるが、人間社会にも多くの示唆を与えてくれる。

動物行動学者の間では「子殺し」は重要な研究分野である。そこでは遺伝子の論理がむき出しになるからだ。進化生物学や動物行動学の研究で重要な分野のひとつは、ダーウィンの『種の起源』が示唆していたような、「種」がそれぞれの環境に適応するために進化してきたという牧歌的な生物観を、遺伝子単位の自然淘汰の理屈で書き換えることだ。種全体が繁栄するような淘汰圧は、ごく限られた状況でしかありえず、基本的には、自然淘汰は、個体、さらに抽象的に言えば遺伝子単位で行われるのだ。動物の世界で行われる子殺しは、個体の遺伝子の拡散と、種全体にとっての利益が鋭く対立しているため、こうした遺伝子単位で見る進化論の正しさを証明する格好の材料となったのだ。

動物の子殺しが発見されたのは、それほど昔ではない。1962年、日本人の杉山幸丸博士が、ハヌマンラングールというハーレムを形成するサルで、恐るべき子殺しの実態を発見したのだ。


それは、私がドンタロウと名付けたオスの率いる、9頭の大人メス（内5頭は子持ち）、6頭の若オス（1～4歳）、3頭の若メス、5頭の赤ん坊からなるグループでした。1962年5月31日午後2時、ドンカラ群と名付けたこのグループをいつものように歩いて見に行くと、ドンタロウが足から血を流しながら木の上で疲れ切った様子で威嚇の声をあげていたのです。その下では、7頭の離れオスのグループがメスたちに近づこうとしており、数頭のメスはすでに侵入者の側につき、なかにはプレゼンティング（発情したメスがオスに交尾を誘いかける行為）をしている者さえいました。

それから数日間、オスたちの闘いが続き、結局7頭の侵入者のうちの1頭（エルノスケ）が勝利を収め、ドンタロウは追い出されたのです。若オスも父親と一緒に出ていき、他の離れオスも追い払われました。エルノスケを核とする典型的な単雄群になってしまったのです。

7日目のことです。赤ん坊が1匹いなくなり、腹のあたりがざっくりと切れている赤ん坊もいました。そして、2カ月ほどの間に5頭の赤ん坊がすべて消え、赤ん坊を失った母親はみな発情して6カ月後に子供を産んだのです。

初めは頭の中が混乱しました。しかし、オスが赤ん坊を抱いたメスを攻撃し、赤ん坊が全滅し、やがてメスが発情してオスと交尾し、子供を産むという一連の流れを見ているうちに、これは因果関係があると思わざるを得なくなったのです。何か大変なことを観察しつつある。次はどうなるんだろう。単雄群の社会維持の秘密が今明らかになりつつあるのだと、必死で観察を続けました。

『サルの森にて』杉山幸丸（京都大学名誉教授、東海学園大学教授）より抜粋

杉山博士の発見は、その後の生物学を塗り替えていく画期的なものだったのだが、当初はまったく注目されなかった。ハヌマンラングールの子殺しは、行動の突飛さや残虐さから、多くの生物学者に信じられていた「生物は種の利益のために振る舞う」という

考え方に反していたため、単なる異常行動として片付けられてしまい、学会からは相手にされなかった。しかし、その後、1975年にアフリカのライオンにおいても、ハーレムを乗っ取ったオスがやはり普遍的に子殺しをすることが見つかった。また、ハヌマンラングールの子殺しも、他の研究グループから広く認められるようになる。さらに、他のサル類やイルカなどでも、同様の子殺しの行動が観察されたのだ。

こうした子殺しは、個体が自分の遺伝子を拡散させようとしているという観点に立てば、極めて合理的なのだ。自分の血がつながっていない子を殺し、メスを発情させ、自分の子を産ませるのである。進化論が遺伝子という単位を使って書き換えられていくなか、杉山博士の一連の子殺しの研究は、世界的な高い評価を得ることになった。

竹内氏の本は、このようなわかりやすいオスによる血のつながっていない子に対する子殺しだけでなく、確実に血がつながっているメスによる子殺しも、条件次第ではよく起こることを、多くの研究とともに紹介している。そして、こうした「遺伝子の論理」から、最近の児童虐待や殺人事件を読み解いている。先進国では、当然だが、子殺しは殺人罪になる。しかし、文明化されていない世界の少数民族の中には、いまだに子殺しが行われているところがある。マーティン・デイリーとマーゴ・ウィルソンは世界の60

の文明化されていない社会を研究し、子殺しが起こる論点を3つに分類した（『人が人を殺すとき――進化でその謎をとく』新思索社）。

論点1　子が男にとって、本当に自分の子かどうか
論点2　生まれてきた子の質はどうか
論点3　現在の環境は、子育てにとって適切か

1はすでに説明したサルやライオンと同じだ。2については、母親が積極的に関わる。子を育てるのには、大きなコストがかかるために、育っても繁殖に成功しなさそうな個体を間引いてしまうのである。3も同様に母親が、父親や親族からのサポートを得られないと判断すると、今回の子はあきらめて、次の子に賭けようと子殺しをするのである。どれも、遺伝子の論理から説明できてしまう。

我々、先進国の住民は、社会福祉や法律が整備され、動物や文明化されていない少数民族に見られるような、こうした野蛮な子殺しからは無縁なのだろうか。確かに、児童虐待のニュースはよく聞くし、ときに子供が親に殺されてしまうようなニュースもある。

しかし、逆に言えば、そうした事件が起これば、全国に報じられる大ニュースになることからわかるように、先進国では、殺人にまで発展する事件の数自体は、非常に稀だといえる（交通事故や自殺などのような珍しくない事件はニュース価値がないので報道されない）。

ところが、別の見方をすると、先進国の人間のメスは、他の動物やアマゾンに住む先住民では考えられない頻度で子殺しを行っているとも言える。中絶手術だ。あとで詳しく述べるが、日本での中絶件数は年20万件程度であり、生まれてくるはずの子供の６人にひとりは子殺しに遭っているということになる。先進国では、合法化されたクリーンな子殺しが、じつに大々的に行われている。

そして、こうした人間社会の悲しみの大部分は、父系制社会に由来していることがわかるのだ。父親を中心とした家族が形成されるために、子供が本当に自分の子供であるかどうかが重要になる。その結果として、女性にはさまざまな貞操義務が押し付けられ、また社会の規範として家族の形まで決められる。こうした女性の自由の制限は、自分の子供が本当に自分の子供であることに確信が持てないオスが家族を率いなければいけない父系制社会の宿命なのだ。そして、そうした父系制社会の規範に沿わない子供は、合法的な子殺しである中絶手術によって、大量に殺されている。

理論的には母系制社会のほうが幸福

母親とその親族が中心に子育てを行う母系制社会では、自分の子供は確実に自分の子供である。そして、家族は母親とその近親者を中心に形成される。夫はふらふらしていて、ときに子育てに協力したり、ときに他の女を追いかけたりしている。こうした母系制社会では、子殺しの論点1はもちろんのこと、近親者のサポートにより論点3も予め取り除かれているのだ。母系制社会は、じつに平和なのだ。こうした安定した家族の中では、男は外でふらふらしながら音楽を作ったりしている。

現代でも、いくつかの地域では母系制社会が残っている。中国の少数民族のモソ人はそのひとつだ。文化人類学者の金龍哲教授の『東方女人国の教育――モソ人の母系社会における伝統文化の行方』（大学教育出版）によると、モソ人の社会では、男性は金や権力より、ルックスや才能で選ばれるそうだ。子育てが、母親とその親族で行われるから、父親は子育ての能力よりも、遺伝的な資質で選ばれるのだろう。このような性淘汰が行われるので、モソ人はみなびっくりするような美形揃いだという。そして、男性は芸術に精を出している。モソ人の社会では、遺伝子の論理による、子供の虐待などということは決して起こらないし、女性におかしな社会規範が押し付けられることもないのだ。

このように素晴らしい母系制社会が、なぜ現代では少数派になってしまったのだろうか。理由は、もちろん戦争である。戦争で武器を持って戦うのは男だ。父系制社会では、集団の中の男は、リーダーである父親の血縁者で固められている。父親と子供やその兄弟たちは血を分けた存在であり、命を懸けて自分たちの集団のために戦うのだ。相手の集団の男たちを皆殺しにしたら、新しい女が手に入る。それは遺伝子の論理からも正しいことで、戦うモチベーションが非常に高い。一方で、母系制社会では、武器を持って戦う男は、その辺をふらふらしているヒモ亭主だ。男にとっては、集団の他の男との血縁関係も明らかではない。子供は、自分の子供かもしれないし、そうでないかもしれない。こうした母系制社会の男が、命を懸けて、集団のために戦うことはない。父系制社会の集団と母系制社会の集団で戦争をしたら、どちらが勝つのかは火を見るより明らかだ。こうした部族同士の殺し合いが絶えなかった人類の歴史では、どう考えても母系制社会は滅ぼされるか、父系制社会にシフトする必要に迫られるのだ。だから、現代でも母系制社会が残っているのは、山岳地帯や熱帯雨林の中など、主流派の人類に見つからなかった辺境の地の少数民族ばかりになっているのだ。

しかし、現代社会では、もはやそのような部族同士の殺し合いは行われない。先進国で戦争がなくなったわけではないし、軍隊がなくても平和が維持できるわけでもないが、現代の殺し合いは、血縁関係でつながった屈強な男たちが槍や石を手に持って戦った昔に比べると、ずいぶんと様変わりした。もはや、戦争の担い手は槍を持った屈強な男ではなく、虫一匹殺せなかったゲームオタクの少年が、軍に就職して、異動でたまたまドローンの操縦の仕事が回ってきて、ＰＣのモニタに映し出されたテロリストを殺戮するというものに変わった。戦争の主体の規模は、数十人だった血縁者を中心とした集団から、数千万〜億単位の人口を抱える国家に変わったのだから、もはや血縁による結束は、何の役にも立たない。食料が無尽蔵にあり、安全が保障された先進国の環境では、理論的には、母系制社会こそが人々を幸せにすることになる。

子供を産む＝結婚という文化的制約

総務省の統計によれば、平成25年の出生数は約１０３万人である。一方で、厚生労働省の統計によれば、平成25年度の人工妊娠中絶件数は約18万６０００件である。生まれ

図6-3　中絶件数の推移

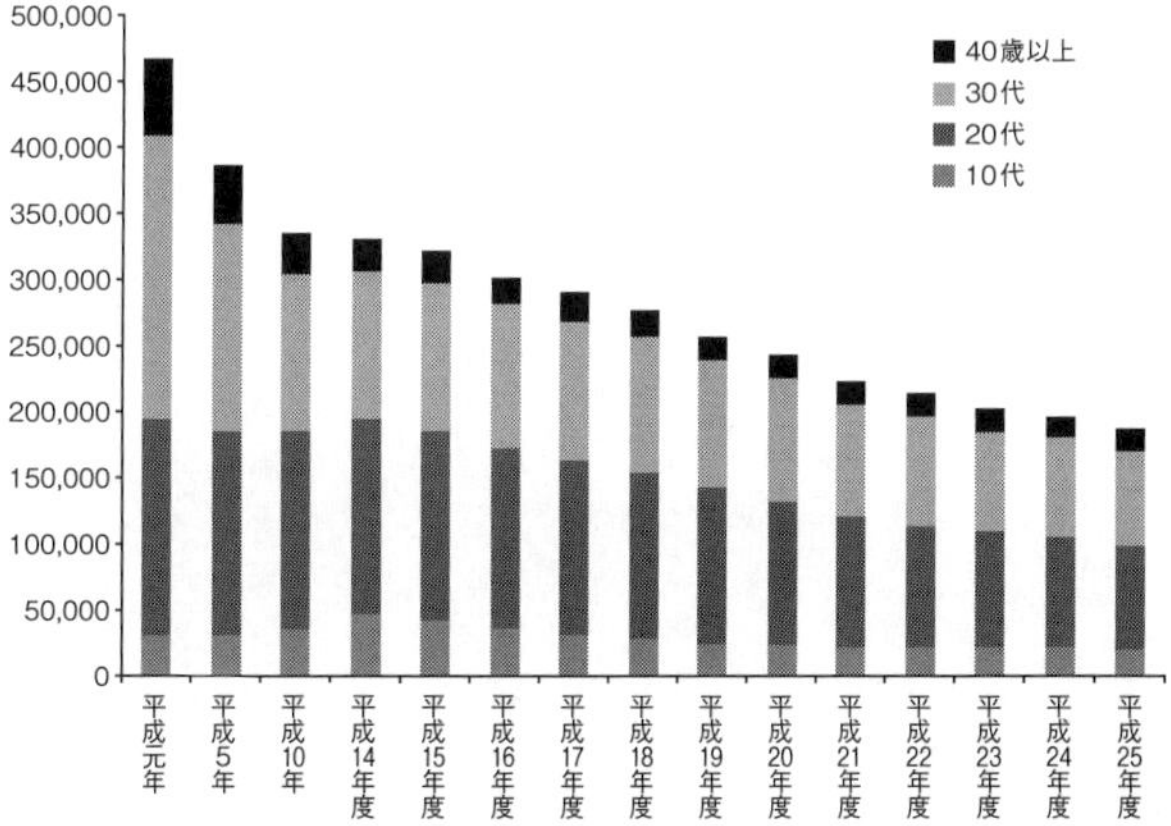

出所：厚生労働省平成26年度衛生行政報告例

てくるはずだった子供の概ね15%が人工妊娠中絶により、合法的に殺されてしまうことになる。もっとも、コンドームやピルなどの避妊が普及したため、あるいは若者の草食化傾向で、この数自体は改善している。たとえば、平成元年では、出生数１２４万７０００人に対し、人工妊娠中絶件数は46万７０００件だった。じつに産まれてくるはずだった子供の約27%が人工妊娠中絶されていたのである。

　中絶というのは道徳的には素晴らしいことでもなく、どちらかというと後ろ暗いことである。よって、世間では中絶したことをおおっぴらに話す人はいない。しかし、統計を見る限り、中絶というものは日本人にとってものすごく身近なことであり、多くの人が経験しているということになる。ただ、世間体などのために、隠されているだけだ。

しかし、有名人というのは大変なもので、多くの人がやっているがプライバシーで守られているものでも、週刊誌の記者などに見つかり、人目にさらされてしまうことになる。

大成功したソーシャルゲーム会社のT社長が、東京都内に住む20代の一般女性から、「やむなく中絶させられた」と3000万円の慰謝料を請求されていると報じられたことがあった（さくらフィナンシャルニュース　2014年3月27日付）。

記事によると、友人の誕生日パーティーで会ったこの女性とT社長は交際をはじめ、自分が借りたマンションに住まわせていた。しかし、女性の妊娠が発覚すると、T社長は急に冷たくなって、中絶することを求めた。そして、女性は中絶したという。こうした話自体は、極めてありふれたものであり、いまも日本で行われている年間20万件の人工妊娠中絶手術のかなりの部分が似たような経緯であると思われる。しかし、他と違うのは、T社長は有名人であり、大変な富豪だったということだ。

こんなケースは、当事者が一般人であればニュース価値は全くないので、表に出ることは当然だがあり得なかった。また、ある意味で、女性は中絶に同意して結果的に自らの意思で中絶したのであって、裁判で慰謝料が認められる確率はとても低いのではないか、とも思われる。しかし、これほどの富豪が相手なら和解に持ち込めば、かなりの金額を取れるのではないか、という算段が女性側の弁護士にはあったのだろう。有名人であることも、金持ちであることも大変なのである。有名な金持ちはもっと大変だ。

ところで、この女性の意思決定の経緯を考えると、やはり多くの日本人が、「子供を産む＝結婚」であり、それ以外のことは許されないというか、考えもしないという「世間的な常識」が浮き彫りになる。また、T社長のほうも、やはり結婚したくはない女との間に子供を作る、ということに大変な抵抗があったのだと察せられる。

２０１０年に米フォーブス誌が報じたところによると、T社長は総資産が16億ドル、35歳以下ではアジア唯一のビリオネアであった。Facebook の創業者マーク・ザッカーバーグに次いで世界で2番目に若いビリオネアと紹介されたこともある。２０１１年は総資産を22億ドルと推定され、日本で13位のビリオネア。２０１２年は総資産43億ドルと推定され日本で5位のビリオネアである。この数年は、ソーシャルゲーム会社の株価が低迷しているため、多くの資産を自社株で保有しているT社長の資産も減っていると思われるが、それでも1000億円ぐらいは軽く持っているだろう。

これだけの世界的な実業家が相手なら、子供を産めば、養育費だけで億単位、さらに将来の潜在的な遺産相続を考えると、数百億円以上の経済価値はあったはずである。むろん、子供を産むのは金のためではなかろう。しかし、このような裁判を起こしていることから考えて、この女性はかなり金銭的なメリットも重視する人だと見受けられる。だとしたら、父親の反対があっても、ひとりで産んでしまったほうが、はるかに経済的なメリットは大きかったのである。

しかし、T社長は結婚しない、それどころか認知もしない、と言ってきたので、思考停止状態になり、日本の固定観念にしたがって人工妊娠中絶手術をする決断をしたのではないだろうか。仮に経済的な面だけを考えるならば、この女性は、大富豪の仲間入りをする千載一遇の好機を、自らの手でつぶしたことになる。ポーカーでいえば、チップの山が積み上がったときに、自分の手にフルハウスが揃ったにもかかわらず、そのまま手札を放り投げて降りてしまうようなものだった。

一方で、T社長の方も、やはり「子供を作る＝結婚」という固定観念に縛られているように思える。彼女と自分の子供を、裕福な母子家庭としてめんどうを見るためにかかる費用は、せいぜい２～３億円程度だと思う。彼ぐらいの富豪にとっては、はした金である。ベンチャー企業の成功者なら、日本人でも、アラブの王様みたいに何人も奥さんがいて子供がいてもいいではないか、と筆者などは思ってしまう。そのほうが夢があっていいのではないだろうか。

結婚以外の男女交際と家庭の作り方

日本の少子化の大きな原因は、文化的な背景を含めた日本の結婚制度の欠陥にあると思う。女性側から見たら、経済的に豊かな男性と結婚し子供を産み家庭を作る、という全てが手に入る可能性がある一方で、それ以外に家庭を作る方法があまりないのである。よって、一部の恵まれた女性だけが金も子供も手に入れる一方で、多くの残された女性たちが生涯にわたり未婚、子無しの人生を送ることを余儀なくされている。

日本の結婚制度にまつわる法律が他の先進国と比べてとりわけ特殊だというわけでもないので、婚外子が極端に少ないという日本の状況は、法的なものというよりは文化的なものが原因だと思われる。

そこで、日本の現在の法律の下で、結婚以外にどのような男女交際、家庭の作り方があり、その法的な権利義務関係がどうなっているのかを整理してみよう。次の4パターンに分けることができる。子供がいるかどうか、いっしょに住んでいるかどうか、が基準だ。

（1）子なし、別居

この場合は、双方に全く法的な義務も権利も生じない。当然だが浮気を含む「不貞行為」も自由だし、同時に何人とつきあおうと、こうした自由恋愛では法的には全く問題ない。交際を解消したい場合は、片方が交際を続けたくないと言えば、それで完結する。極めて自由な男女交際の形である。しかし、片方、あるいは双方が法的な婚姻関係にあり、不倫、あるいはダブル不倫という形になると、男女の交際の自由度に関しては全く同じなのだが、相手の配偶者から損害賠償請求される可能性が出てくる。こうした慰謝料は、日本では上限が決まっているので、ある程度の高所得の男女にとっては、不倫の法的なリスクは限定的だ。例外的に、女性タレントのベッキーさんのように、清楚なイメージで商売をしているタレントには大きなリスクではある。

(2) 子あり、別居

この場合は、主として子供を育てる親に対して、子供を引き取っていないほうの親が養育費を払う義務が生じる。つまり、養育費を払わない父親、あるいは母親がいれば、裁判所に訴えれば、給料や預金などの差し押さえが可能になる。

この家族の形は、あまり経済的に恵まれていないシングルマザーが思い浮かぶこともあり、世間からはよく思われていないのかもしれない。フランスや北欧諸国のように、十分な養育費を相手からもらえない場合にも政府が子育てを援助する、というような福祉政策を日本でもっと手厚くするということも必要かもしれない。

しかし、仮に経済的にきびしいシングルマザー家庭であっても、負の側面ばかりに注目するのは、おかしな話ではないだろうか。確かに、「経済的に豊かな夫を得て幸せな家庭を築く」というある種の理想的な状況と比べれば、このパターンの負の側面は際立つかもしれない。それでは、「生涯未婚、子無しで独身女性としてひとり孤独に死んでいく」というケースと比べて、このパターンは果たして本当に不幸なのであろうか。女性にこのふたつの選択肢があった場合に、どちらが幸せか、ということに関しては、意見が分かれるだろう。

現実の世の中では、女の人が生理的に恋愛対象として受け入れることができ、さらに経済的にも自分より稼いでいる男性の数は限られている。そうした男性と結婚して子供を産むということができるならそれでいいが、残った女の人は他にどういう選択肢があるのか、という話なのだ。仮に相手の男性と結婚できないとしても、女性の意思で子供を産みたいときに産む選択もできる社会が、豊かな社会ではないだろうか。

また、日本でも昭和初期頃まではふつうにいた妾は、こうした家庭のあり方のひとつの例である。経済的に成功した男性の愛人となり、ひっそりと家庭を作る女性は現代でもそれなりの人数がいる。こちらの場合は、シングルマザーとはいえ、経済的には恵まれており、相手の男性との関係も良好な場合が多い。不倫したこうした女性は、相手の男性の法律上の妻から慰謝料を請求される可能性があるが、それと養育費は全くの別問題である。養育費は子供の権利なのだから、どのような形で子供が生まれようとも、この権利が消失することはない。

もちろん、シングルファーザーというのがもっと一般的になってもいい。おじいちゃん、おばあちゃんが子供を育てるのに協力すれば、父親はある意味では、やかましい妻がいるよりよほど働きやすい。また、子供は片方の親と住んでいるが、父親と母親がふつうに交際している、という形態はそれほど悪くないのではないだろうか。この場合は、子育てを主にがんばっているほうに、そうでないほうが生活費などを相応に負担していれば良いバランスである。

(3) 子なし、同居

同居か別居か、というのはじつは法的には違いが生じる。それはなぜか？　役所に婚姻届を提出した法的な婚姻関係になくても、実質的な婚姻関係であった、つまり、いわゆる内縁関係にあったかどうかを判断する上で、同居というのは重要な要素だからだ。もちろん、同居だったからといって、日本の裁判所がただちに内縁関係を認めてくれるわけではない。本当に実質的な結婚生活だったかどうかは総合的に判断されるわけであるが、基本的に裁判官の一存で決まる。しかし、同居しているかどうかは最も重要な判断のポイントのひとつとなる。

なぜ内縁関係かどうかが重要なのかというと、内縁関係が認められると、ほぼ結婚と同じような権利が認められるからだ。財産分与や、相手の不貞行為に対する慰謝料の請求などだ。一方で、法的な婚姻関係と違い、相手が死亡した場合には遺産の権利は発生しない。また、同居が解消された場合、その経緯によっては慰謝料や手切れ金が発生する可能性はあるが、自動的に内縁関係も解消されるので、これまでに何度も解説してきたコンピ地獄の心配もはるかに少ない（もらう方から言えば、破綻後の婚姻費用の利益ははるかに少なくなる）。

（4）子あり、同居

このような交際だと、それはほぼ結婚しているのと同じである。ただし、遺産や別居後の婚姻費用の取り扱いで、法的な婚姻状態と多少の差異が出る。

現在の欧米先進国では、じつはこれが家族の形のスタンダードになっている。北欧諸国やフランスなどはすでに婚外子が5割を超えており、その他の欧米先進国でも多くの国が5割近い。しかし、日本ではこれが全くスタンダードになっていない。日本でこの形になっているカップルは、離婚してくれない妻と別居し、法律上の妻に婚姻費用を払い続けながら、愛人と一緒に住んで新たな家庭を作っているようなケースだろう。

このように、男女交際の仕方、家庭の作り方にはいろいろなやり方がある。こうした個人の問題に関しては、男女の双方が合意するならば、基本的にはなんでもありだ。法律は、男女の利害が対立し話し合いで解決できなかった場合に、はじめて国家権力が介入するためにある。多くの日本人は、家庭を作るには結婚するしかない、という固定観念を捨てて、結婚というのはそうするためのひとつの便利なツールである、ということを認識する必要があるのではないだろうか。

多様な家族の形が認められる豊かな社会へ

先進国の法律は、できるだけ個人の自由と機会の平等を保障するようにできている。この流れは不可逆的で、人種や国籍、年齢、性別などによる差別は、各国の法律で禁止され、また、文化的にも許容しない方向に進んでいる。

この章で紹介した「The Global Gender Gap Report 2016」によれば、日本の男女格差指数は、調査された144カ国中で111位となっており、男女差別の是正に関しては遅れている。しかし、日本も男女差別は無くしていく方向であることは間違いない。

世界では今後も必然的に女性の社会進出が進んでいくのだ。その結果として、男女差別の是正で遅れている日本でさえ、20代ではすでに女性の可処分所得が男性のそれを上回ったというデータも出てきている。こうして、女性が経済的に男性に頼る必要が少なくなれば、女性が生活のために結婚したり、離婚を踏み止まる理由も少なくなる。男女の経済的な平等が進めば、離婚が増えたり、結婚せずに子供を産む女性が増えるのも必然である。これは、女性の選択肢が増えるという点で、必ずしも悪いことではなく、むしろ社会が豊かになったことの表れだ。

個人の自由と平等が絶対的な正義であれば、恋愛というのは、個人の自由意志で決めるべき一番のものであるはずだ。男女は自由に相手を選び、双方が合意した場合にのみ、恋愛関係が成立するのだ。その結果、面白いことに、男女の恋愛というのは、生物学的な野性の本能に近づいていくようだ。人間という種は、おそらくは、ゆるやかな一夫多妻制なのである。

この自由な恋愛市場では、多くの男性があぶれるのであり、それは不可避なことなので、社会は受け入れるしかない。昔の農村の見合い結婚のように、あぶれた男に嫁をあてがうような仕組みは、明らかに女性の人権を侵害している。世界の先進国では、結婚制度が形骸化し、婚外子がふつうのことになっている。日本もこのグローバルなトレンドに乗っていくことになるだろう。

男女がお互いの自由意志で恋愛をするのはいつだって、とても素晴らしいことである。しかし、その結果として生まれてくる子供たちを、社会はどう育てていくべきか、というのは議論する必要があるだろう。

筆者は、日本社会において、結婚制度については規制緩和が重要であり、子供の養育義務に関しては規制強化が重要である、と考えている。そして、前者に関しては、女性の社会進出によって、勝手に進んでいくものと思われる。女性が社会で男性と同様に活躍するようになれば、一夫一妻制を強制しようとする結婚制度は形骸化していくのだ。一夫一妻制は女性のためではなく、男性の中間層に有利な配偶システムだからだ。

問題は、後者のほうで、婚外子にせよ、離婚にせよ、子供の利益を最優先にする制度設計が必要である。厚生労働省が5年に1度実施する『全国母子世帯等調査』によると、離婚した母子世帯のうち、養育費を受けている割合は、以前よりは改善したものの20%程度で推移している。アメリカでは、裁判所で決められた養育費を支払わなかった場合は、刑務所に収監されてしまう。この点は、日本は改善する必要があるのではないか。

もちろん、伝統的な両親と子供ふたりぐらいの家庭も素晴らしい。筆者は、これまでの伝統的な結婚制度や、その枠組の中での夫婦のあり方について、否定するつもりはまったくない。そうした、これまで理想とされていた枠の中で幸せになれるのなら、それはとても素晴らしいことだ。しかしながら、そうした枠組みに囚われない、別の夫婦関係、家族のあり方があってもいいと思う。これからは社会で多様な家族の形を受け入れ、子供の利益を最優先にして、法規制や社会福祉制度を整備していくべきであろう。

多様な価値観を受け入れられる社会こそが、豊かな社会といえるのではないだろうか。

あとがき

ちょうど本書を書き終えようとしているとき、アメリカでドナルド・トランプが大統領選挙で勝利した。銃の所持を含めて、なんでも自由な印象があるアメリカだが、こと恋愛や結婚に関してはキリスト教の影響が強く、意外と保守的だ。しかし、そのアメリカで、トランプ氏が大統領に選ばれたのはとても興味深い。選挙期間中には、テレビ番組収録前に隠し撮りされた11年も前の男同士の猥談が暴露された。トランプ氏はそこで「女は相手が有名人なら簡単に寝るんだ」というようなことを言っていた。トランプ氏は、確かに褒められた発言ではないが男同士がロッカールームでするような話だ、と弁明した。それをヒラリー陣営は、女性蔑視発言だと痛烈に非難し、実際に支持率は急落した。同性愛など人々の多様性を常に尊重する欧米のリベラル派は、どういうわけか異性愛の男性の性的奔放さにだけは手厳しい。

トランプ氏は、過去2回離婚し、3回結婚している。全員がファッションモデルであった。離婚する度に、奥さんは大幅に若くなった。最初の奥さんのイヴァナとの間に3人の子供を作った。2人目の奥さんとは1人子供を作った。いまやファーストレディである3人目の奥さんは、自分より24歳若いメラニアである。やはり子供がいる。大統領選では、トランプ氏の子供たちがよくメディアに出演し、彼が当選するように応援していた。5人の子供たちは、みな学業で優秀な成績を収め、それぞれが事業でも成功している。

伝統的なキリスト教の結婚観を重んじる共和党から、彼のような人物が大統領として選ばれたのは、とてもリベラル（＝自由主義的）だと感心した。筆者自身は、トランプ大統領の保護主義など経済政策には賛成しておらず、それゆえに彼を支持してもいなかったが、このように家族の形の多様性がアメリカ国民に受け入れられたということは、悪いことではないとも思った。

また、今回の大統領選では、トランプ氏のイスラム教徒や移民に対する差別的な発言が非難の的となった。筆者も、かつて研究者として外国で暮らしていたこともあり、このような宗教や国籍に対する差別的発言はとても容認できないと思った。人種や宗教など、移民国家のアメリカには複雑な問題がある。それらは本書のテーマではないので、ここでは論じないが、最後に日本の隠れた差別問題にも光を当てておきたいと思う。

日本は法律上の結婚にこだわるあまり、それ以外の関係に対する差別がいまだに残っているように思う。芸能人や政治家の不倫などが報道されると、世間は激しくバッシングする。隠し子がいることなどが発覚すると、さらに非難する。しかし、これは暗に、その背後にいる愛人をしている女性や、不倫でできた子は差別していい、と認めているようなものだ。このような家庭の問題はプライベートなことであり、赤の他人がどうこう言うべき問題ではなく、非難する権利があるのは、当事者の彼の妻だけのはずだ。自分に迷惑がかからない話なら、人が不倫していようがいまいが、別にどうでもいいではないか。

また、非難とは反対に、片親の子供や事実婚などで生まれた子供を「かわいそう」だと言う人もいる。不倫の末に生まれてきた子供なら、なおさらかわいそうだ。しかし、一言でいえば、それは余計なお世話というものだろう。奥さんや子供がいるにもかかわらず、若い愛人とも関係を持てるようなお父さんは、経済的にも豊かで、魅力的な男性に違いない。そんな他人の家庭の子供の心配をする前に、まずは自分の心配をしたらいいだろう。幸いなことに、２０１３年に非嫡出子の相続分を嫡出子の2分の1とする民法の規定が改正された。法律上は婚外子への差別は完全に撤廃されたのだ。

歴史を見ると、差別の心は、抑圧、貧困、ときに戦争の原因にもなってきたことがわかる。活力に溢れた平和な社会は、民族や性別、宗教、社会的地位、その他にかかわらず、すべての人々が同じ権利と尊厳を有するという前提に立って初めて実現できる。我々は差別を決して許してはいけないのだ。

The dogs bark, but the caravan goes on.
（犬が吠えても、キャラバンは進む）

筆者が好きなアラブのことわざである。さまざまな批判があっても、世の中の大きな流れは変わらない。周りの雑音には惑わされず、自分が人生でやるべきことをやらなければいけない、という意味である。これからさまざまな軋轢があっても、日本でも事実婚などの多様な家族の形が増えていくだろう。世間体など気にせず、自分たちがいいと思うことをやればいいのだ。

本書が、既成概念から離れ、結婚制度を客観的に見つめ直すきっかけになれば幸いである。また、読者の方々が、それぞれの価値観を持ち、それぞれに幸せな家庭を育むことを願っている。

追記

もう、本当に本書を書き終え、ほとんど直しができない段階になって、筆者の知人の女性が、離婚裁判に巻き込まれているということを知った。彼女は若いころに結婚し子供を作ったが、そのあとに離婚し子供を引き取って育てているシングルマザーであった。彼女は、実家の両親と協力して子育てしながら、離婚後も仕事をがんばり、経済的にはとても成功していた。そんなキャリアウーマンである彼女は、優しいひとりの男性に出会い、恋に落ちた。彼は定職には就いておらず、収入は不安定だったが、とても誠実で心優しい男性だった。また、前の夫との子供もかわいがってくれた。彼女はその男と結婚することにしたのだ。

しかし、結婚してほどなくして、彼の誠実さや優しさは失われていった。詳細は書かないが、彼女は夫のことを愛することができなくなった。そこで、彼女は離婚する決心をしたのだが、その後の展開がまさに、本書に書いたとおりであった。彼女はコンピ地獄にハメられ、毎月、かなりの金額を別居して家にいない夫に送らないといけなくなった。そして、彼女の夫は、裁判で、彼女がこの期間に稼ぐことができたのは夫である自分が家事や子供の世話などをしたからだと主張し、また、実際にはほとんどかまっていなかった彼女の子供にも、自分という父親が必要だ、と強く主張している。そして、どうしても離婚したいなら、数千万円を払うように、暗に脅されている。

筆者は、彼女にまだ出版されていない本書の原稿を送ってあげた。

本書は女性にこそ読んで欲しい本なのである。

藤沢数希

2017年1月

本書は、「ウェブフォーサイト」で連載した『結婚と離婚の経済学』（2013年9月〜2014年5月）に大幅加筆修正を加えたものである。

藤沢数希　理論物理学研究者、外資系金融機関を経て、作家。「金融日記」管理人。著書に『なぜ投資のプロはサルに負けるのか？』、『「反原発」の不都合な真実』、『外資系金融の終わり』、『ぼくは愛を証明しようと思う。』などがある。

Ⓢ新潮新書

706

損《そん》する結婚《けっこん》 儲《もう》かる離婚《りこん》

著　者　藤沢数希《ふじさわかずき》

2017年2月20日　発行
2024年4月10日　6刷

発行者　佐　藤　隆　信

発行所　株式会社新潮社

〒162-8711　東京都新宿区矢来町71番地
編集部(03)3266-5430　読者係(03)3266-5111
http://www.shinchosha.co.jp

図版製作　株式会社クラップス

印刷所　株式会社光邦

製本所　株式会社大進堂

© Kazuki Fujisawa 2017, Printed in Japan

乱丁・落丁本は、ご面倒ですが
小社読者係宛お送りください。
送料小社負担にてお取替えいたします。

ISBN978-4-10-610706-1　C0232

価格はカバーに表示してあります。